कशिश

The unseen bond

के. ए. अब्दुल गफ्फूर

BlueRose ONE .com
Stories Matter
NewDelhi • London

BLUEROSE PUBLISHERS
India | U.K.

Copyright © K A Abdul Gafoor 2023

All rights reserved by the author. No part of this publication may be reproduced, stored in a retrieval system or transmitted in any form or by any means, electronic, mechanical, photocopying, recording or otherwise, without the prior permission of the author. Although every precaution has been taken to verify the accuracy of the information contained herein, the publisher assumes no responsibility for any errors or omissions. No liability is assumed for damages that may result from the use of information contained within.

BlueRose Publishers takes no responsibility for any damages, losses, or liabilities that may arise from the use or misuse of the information, products, or services provided in this publication.

For permissions requests or inquiries regarding this publication, please contact:

BLUEROSE PUBLISHERS
www.BlueRoseONE.com
info@bluerosepublishers.com
+91 8882 898 898
+4407342408967

ISBN: 978-93-5668-092-0

Cover design: Muskan Sachdeva
Typesetting: Rohit

First Edition: September 2023

अनुक्रमणिका

कशिश ! 1

दस्तूर ! 2

किश्तों में! 3

न टूट ! 4

मौसम ! 6

टूटते हुए तारों ने! 8

नसीब! 10

पैग़ाम! 12

ज़िंदा रखो! 13

शिकन ! 15

कह देगी! 17

क्या तुम आओगी? 19

कौन है? 20

मसले! 21

दाग़! 22

वादा न कर! 24

न जीने देती है ! 25

मजमा ! 26

ख़्वाब! 27

तेरे सारे ग़म मेरे ! 28

मोहरे ! 29

कोई अपना सा ! 30

ये ज़िन्दगी !	31
वो ग़म याद आता है !	32
नीलाम !	33
पाने वाले हैं !	34
तेरी परछाई !	35
मुकद्दर !	36
शायद !	37
एहसास लिखता हूं!	38
फूल या कांटे !	39
हम मिट गए !	40
तन्हा देखता हूं!	41
इंतज़ार में !	42
तलाश है !	43
बाकी है !	44
असर है!	45
एक खुशी !	46
मैं तुझे थाम लूंगा !	47
अल्फ़ाज़ !	49
ऐ मौला !	50
खुदाई !	51
दीदार !	52
आयत !	53
सपन सलोने!	54
तलाश करोगे !	55

राख़ के ढेर में !	56
धीरे से !	57
शमा !	58
परवरदिगार !	60
आईना दिखाने वाले !	61
कल में और आज में।	62
धागे !	63
देखते-देखते ।	64
कहानी हमारी !	65
कभी सोचा है ?	66
कैसे कह दें ?	67
कहकशां !	68
दुनिया तेरे बिना !	69
तुम्हीं को देखा करें!	71
रहनुमा हूं तेरा !	72
कौन ?	73
एक सदी !	74
सिला !	76
नादां !	78
फना !	80
उम्मीद !	82
बेइंतहा	84
तमन्ना !	86
"आस" और "काश"!	88

मैं तुझमें बाकी रहूँ !	90
ज़िंदा हो गए !	92
कायनात !	93
लिपट के रोया हूँ !	95
लेते आना !	97
खिलौना ।	99
खेल सांसों का !	101
मैं ज़िंदा हूं!	103
रंग !	105
सुरूर !	107
रोका है !	109
एक बार !	110
ज़हन !	112
दुआ !	114
पहले सा!	116
दर्द का सामान	118
रेत !	120
दिलासा !	122
रहनुमा कहलाओगे !	124
हम बदनाम फिर भी रहे...	126
बेगाने !	128
तेरी हस्ती की खातिर ।	130
दुनियादारी !	132
ज़माने से चला गया।	134

ज़रा मुस्कुरा !	136
जी चाहता है !	138
इबादत की तरह !	139
कभी तुमने रूलाया !	141
कुछ लोग !	142
वादा न कर !	144
मजबूरियां !	146
Acknowledgement	148

कशिश !

क्या कहें, कि क्या हमने अपने मुकद्दर पे रखा है,
कि अपनी नज़र को हमने, आपकी नज़र पे रखा है।
लाख छुड़ाए दामन,दुनिया ने मगर,
जाने क्या कशिश ख़ुदा ने, मेरे हमसफ़र पे रखा है ?

खाक हुआ मैं धीरे धीरे, पर रह गए बेख़बर,
कि निगाहों को अपने, हमने तेरे दर पे रखा है।
लाख छुड़ाए दामन, दुनिया ने मगर,
जाने क्या कशिश ख़ुदा ने मेरे हमसफ़र पे रखा है।

हर शख्स अपाहिज है शायद, ग़ाफ़िल लफ्ज़-ए-उल्फत से,
कौन सी बीमारी ख़ुदा ने, जाने इस शहर पे रखा है।
लाख छुड़ाए दामन, दुनिया ने मगर,
जाने क्या कशिश ख़ुदा ने मेरे हमसफ़र पे रखा है।

वो चले आगे, और हम पीछे तो क्या?
यकीं हमने भी ज़बरदस्त, अपने हुनर पे रखा है।
लाख छुड़ाए दामन, दुनिया ने मगर,
जाने क्या कशिश ख़ुदा ने मेरे हमसफ़र पे रखा है।

उनके होने के एहसास से ही, धड़कता है ये दिल,
कि ऐसा ही कुछ रिश्ता हमने,उस दिलबर पे रखा है।
लाख छुड़ाए दामन, दुनिया ने मगर,
जाने क्या कशिश ख़ुदा ने मेरे हमसफ़र पे रखा है।

***

दस्तूर !

शहर में उनके हम कुछ यूं मशहूर होते गए,
कि करीब आने की ज़िद में, और भी दूर होते गए।
था गुमान हमें, अपनी चाहत का बहुत,
और भी संगीन मगर, शहर के दस्तूर होते गए।

दी तालीम जितनी भी, कि दिलों की बातें कर,
पर लोग नशे में दौलत की, और मगरूर होते गए।
था गुमान हमें अपनी चाहत का बहुत,
और भी संगीन मगर, शहर के दस्तूर होते गए।

देदी सज़ा मुनसिफ ने, हज़ार बार लेकिन,
हर सज़ा के बाद मुजरिम मगर, बेकसूर होते गए।
था गुमान हमें, अपनी चाहत का बहुत,
और भी संगीन मगर, शहर के दस्तूर होते गए।

रिवाज़ों की दुहाई, सिर्फ हम ही दिया किये,
और दुआएं खुदगर्ज़ों की सभी मंजूर होते गए।
था गुमान हमें अपनी चाहत का बहुत,
और भी संगीन मगर, शहर के दस्तूर होते गए।

ठान ली थी, कि न देखूंगा पलटके उनकी तरफ,
पर वो सामने आते गए और हमसे कसूर होते गए।
था गुमान हमें, अपनी चाहत का बहुत,
और भी संगीन मगर, शहर के दस्तूर होते गए।

***

किश्तों में!

नज़रों से गिरकर दुनिया की, उनकी नज़र उतारा किए,
एक उनकी जीत के वास्ते, हर बार हम हारा किए।
एक बार मिटा देना, फिर बनाना, फिर मिटा देना,
बस, ऐसे ही ज़माना हमको, किश्तों में मारा किए।

कह गए एक बार वो, कि हम आएंगे ज़रूर,
इंतज़ार में उनके फिर, ज़िन्दगी भर गुज़ारा किए।
एक बार मिटा देना, फिर बनाना, फिर मिटा देना,
बस, ऐसे ही ज़माना हमको, किश्तों में मारा किए।

नाम भी उनका ले लें, कहां था इतना भी इख़्तियार,
सीने पर रखकर हाथ मगर, हरदम उनको पुकारा किए।
एक बार मिटा देना, फिर बनाना, फिर मिटा देना,
बस, ऐसे ही ज़माना हमको, किश्तों में मारा किए।

सजाकर कुछ ख़्वाब अपने, मेरी पलकों पे वो,
मुलाकात उसके बाद, नहीं हमसे दोबारा किए।
एक बार मिटा देना, फिर बनाना, फिर मिटा देना,
बस, ऐसे ही ज़माना हमको, किश्तों में मारा किए।

दिल में उनको रखा, और दुनिया को ज़हन में,
ज़िन्दगी के मसलों का हमने, ऐसे ही बंटवारा किए।
एक बार मिटा देना, फिर बनाना, फिर मिटा देना,
बस, ऐसे ही ज़माना हमको, किश्तों में मारा किए।

***

न टूट !

न टूट ऐ दोस्त! कि बिखर जाओगे,
और जो बिखर गया, तो किधर जाओगे?
ज़रा सी तो मोहब्बत, रखना अपने सीने में,
जो मोहब्बत ही न रही ज़िन्दगी में, तो मर जाओगे।

दास्तान-ए-उलफत मेरी, जो सुनोगे तुम,
तेरी कसम, मेरी खातिर, वहीं पे ठहर जाओगे।
ज़रा सी तो मोहब्बत, रखना अपने सीने में,
जो मोहब्बत ही न रही ज़िन्दगी में, तो मर जाओगे।

इंतज़ार आंखों में और मोहब्बत सीने में,
और पूछते हो जाते-जाते, क्या देकर जाओगे?
ज़रा सी तो मोहब्बत, रखना अपने सीने में,
जो मोहब्बत ही न रही ज़िन्दगी में, तो मर जाओगे।

आंखों में अपनी ज़रा, नूर-ए-वफा लाकर देख,
वादा है मेरा, तुम भी सोच में निखर जाओगे।
ज़रा सी तो मोहब्बत, रखना अपने सीने में,
जो मोहब्बत ही न रही ज़िन्दगी में, तो मर जाओगे।

एक दरिया ही तो हो, यूं गुरूर अच्छा नहीं,
कि एक न एक दिन तो, समन्दर में उतर जाओगे।
ज़रा सी तो मोहब्बत, रखना अपने सीने में,
जो मोहब्बत ही न रही ज़िन्दगी में, तो मर जाओगे।

इस दौर में जहां, कद्र नहीं चाहतों की,
वादा करो कि कहीं तुम भी न मुकर जाओगे।
ज़रा सी तो मोहब्बत, रखना अपने सीने में,
जो मोहब्बत ही न रही ज़िन्दगी में, तो मर जाओगे।

कुछ नहीं मेरे पास, है चाहत बेशुमार मगर,
मेरे साथ चलोगे, तो बस यही लेकर जाओगे।
ज़रा सी तो मोहब्बत, रखना अपने सीने में,
जो मोहब्बत ही न रही ज़िन्दगी में, तो मर जाओगे।

***

मौसम !

मौसम तन्हाई का हम, कुछ यूं बिता देते हैं,
कि नाम तेरा लिखते हैं, और फिर मिटा देते हैं।
सबब जो पूछते हैं, इन आंसुओं का कोई,
बस, यूं ही मुस्कुराकर, बहाने बना देते हैं।

महफ़िलों में कभी, निकल आए जो तेरा नाम,
भीगी हुई पलकों को अपनी सबसे छुपा लेते हैं।
मौसम तन्हाई का हम, कुछ यूं बिता देते हैं,
कि नाम तेरा लिखते हैं, और फिर मिटा देते हैं।

बिठा रखा है यूं हमने, तुझे अपने दिल में,
कि तस्वीर के आगे भी तेरी, हम सर झुका देते हैं।
मौसम तन्हाई का हम, कुछ यूं बिता देते हैं,
कि नाम तेरा लिखते हैं, और फिर मिटा देते हैं।

इत्मीनान मेरे साथ होने का देते हैं वो हर बार,
और ख़ुद वो तन्हा ही, हर ग़म उठा लेते हैं।
मौसम तन्हाई का हम, कुछ यूं बिता देते हैं,
कि नाम तेरा लिखते हैं, और फिर मिटा देते हैं।

आएगी वो इक रोज़, ज़रा एतबार तो रख,
एक इसी उम्मीद में हम, दिल को समझा देते हैं।
मौसम तन्हाई का हम, कुछ यूं बिता देते हैं,
कि नाम तेरा लिखते हैं, और फिर मिटा देते हैं।

तस्वीर को तेरी सिरहाने में रखकर के सो जाना,
दूर से ही सही चाहत की हम, यूं हर रस्म निभा लेते हैं।
मौसम तन्हाई का हम, कुछ यूं बिता देते हैं,
कि नाम तेरा लिखते हैं और फिर मिटा देते हैं।

तेरी तस्वीर को सरहाने में, रख कर के सो जाना,
दूर से ही चाहत की, हम यूँ रस्म निभा लेते है।
मौसम तन्हाई का हम, कुछ यूं बिता देते हैं,
कि नाम तेरा लिखते हैं और फिर मिटा देते हैं।

***

टूटते हुए तारों ने!

एक उम्मीद जो दी मुझे, टूटते हुए तारों ने,
मेरे पीछे लगा दिया, काफिला किस्मत के मारों ने।
सर्द सी चांदनी रातों ने, हर बार जलाया है मुझे,
और बचाया है मुझे, कभी शोलों ने कभी शरारों ने।

राज़ अपने दिल की, रखना दबाकर दिल में,
कि लूटा है हरदम, मुझको मेरे ही राज़दारों ने।
एक उम्मीद जो दी मुझे, टूटते हुए तारों ने,
मेरे पीछे लगा दिया, काफिला किस्मत के मारों ने।

तड़पते रहे पूरे हफ्ते, एक सुकूं को मगर,
देकर एक प्याला जाम का, सुलाया है इतवारो ने।
एक उम्मीद जो दी मुझे, टूटते हुए तारों ने,
मेरे पीछे लगा दिया, काफिला किस्मत के मारों ने।

कर दे ज़माना भले, हज़ार फासले दरमियां
मिलाया है दिलों को, इन्हीं ऊंचे दीवारों ने।
एक उम्मीद जो दी मुझे, टूटते हुए तारों ने,
मेरे पीछे लगा दिया, काफिला किस्मत के मारों ने।

एक अजब सी खुशबू आती है इन सांसों से,
लगाया है जब भी सीने से, तेरी सांसों के धारों ने।
एक उम्मीद जो दी मुझे, टूटते हुए तारों ने,
मेरे पीछे लगा दिया, काफिला किस्मत के मारों ने।

दिख न जाए कहीं, अक्स अपना भी शीशे में,
सारे दर्पण तोड़ दिए, समाज के ठेकेदारों ने।
एक उम्मीद जो दी मुझे, टूटते हुए तारों ने,
मेरे पीछे लगा दिया, काफिला किस्मत के मारों ने।

मिले हर पल ज़ख्म, हर कदम पे यारा,
कि साथ हमारा छोड़ दिए, सारे राजदारों ने।
एक उम्मीद जो दी मुझे, टूटते हुए तारों ने,
मेरे पीछे लगा दिया, काफिला किस्मत के मारों ने।।

***

नसीब!

कहां जाकर ये नसीब, मेरे परवरदिगार ठहरे है
कि गुनाह कोई भी करें, हम ही गुनहगार ठहरे है।
किया कत्ल जिसने, हर बार मेरा,
देख मेरा मुकद्दर, कि वहीं मेरे सरकार ठहरे हैं।

लफ़्ज़ लोगों की, चुभा करतीं हैं नश्तर सी,
कि ज़हर से भी ज्यादा, लफ़्ज़ों पे धार ठहरे हैं।
कहां जाकर ये नसीब, मेरे परवरदिगार ठहरे है
कि गुनाह कोई भी करें, हम ही गुनहगार ठहरे है।

मिटा दिया खुद को भी, एक दीवार मिटाने को,
और वो ही लेकर हरदम, साथ में दीवार ठहरे हैं।
कहां जाकर ये नसीब, मेरे परवरदिगार ठहरे है
कि गुनाह कोई भी करें, हम ही गुनहगार ठहरे है।

एक बार हो तो मान लें, कि अपना नसीब है,
पर, ये दर्द तो मेरी चौखट पे, आके बार-बार ठहरे हैं।
कहां जाकर ये नसीब, मेरे परवरदिगार ठहरे है
कि गुनाह कोई भी करें, हम ही गुनहगार ठहरे है।

कह दें कैसे, कि क्या दबा है सीने में,
कि लोग तो हाथों में खंजर, लेके तैयार ठहरे हैं।
कहां जाकर ये नसीब, मेरे परवरदिगार ठहरे है
कि गुनाह कोई भी करें, हम ही गुनहगार ठहरे है।

मेरी सादगी ही शायद, कमज़ोरी बन गई मेरी,
और जो बेशर्म थे ज़माने में, बनके शानदार ठहरे हैं।
कहां जाकर ये नसीब, मेरे परवरदिगार ठहरे हैं,
कि गुनाह कोई भी करे, हम ही गुनहगार ठहरे हैं

किस-किस से करे बयाँ, किस्सा अपनी बेग़ुनाई का,
कि यहाँ गैर तो गैर, अपने भी लेके तलवार ठहरे है।
कहां जाकर ये नसीब, मेरे परवरदिगार ठहरे हैं,
कि गुनाह कोई भी करे, हम ही गुनहगार ठहरे हैं

हम ही गुनहगार ठहरे हैं।

***

पैग़ाम!

ऐ चांद! देता जा, तू उनको ये पैग़ाम हमारा,
कटती है उनकी यादों में ही, सुबह-शाम हमारा।
चूमा करोगे उस कागज़ को भी लगाकर सीने से,
जिस कागज़ पे लिखा देखोगी, तुम नाम हमारा।

हर पल तुम्हें याद करना, और करते जाना,
कि बड़ा रखा है तुमने, काफी काम हमारा।
ऐ चांद! देता जा, तू उनको ये पैग़ाम हमारा,
कटती है उनकी यादों में ही, सुबह-शाम हमारा।

बंदिशें उनकी जानकर, हम मुड़ तो गए लेकिन,
कुर्बान हो जाना हो गया, शाय़द नाकाम हमारा।
ऐ चांद! देता जा, तू उनको ये पैग़ाम हमारा,
कटती है उनकी यादों में ही, सुबह-शाम हमारा।

फेर लेते थे जो मुंह, आज वो पूछते हैं हाल-चाल,
तुमने ऊंचा कर दिया है, दुनिया में मुकाम हमारा।
ऐ चांद! देता जा, तू उनको ये पैग़ाम हमारा,
कटती है उनकी यादों में ही, सुबह-शाम हमारा।

ऐ ख़ुदा ! बस इतनी सी इल्तज़ा अब करते हैं,
कि गोद में उनकी हो जाए, ये उम्र तमाम हमारा।
ऐ चांद! देता जा, तू उनको ये पैग़ाम हमारा,
कटती है उनकी यादों में ही, सुबह-शाम हमारा।

***

ज़िंदा रखो!

दिल में अपने सदा, उम्मीदों का आंगन ज़िंदा रखो,
प्यासे लाख सही फिर भी, हसरतों का सावन जिंदा रखो।
सूरतों का क्या, ढल जाएगी वक्त के साथ,
गर रखना है जवां तो, अपना मन ज़िंदा रखो।

तेड़े मेड़े रास्तों पर, जो सिखा दे तहज़ीब तुम्हें,
सुलझे रहो जीवन में फिर भी, एक उलझन ज़िंदा रखो।
दिल में अपने सदा, उम्मीदों का आंगन ज़िंदा रखो,
प्यासे लाख सही फिर भी, हसरतों का सावन जिंदा रखो।

फितरत ये तेरी सदा, तुझको भी दिखाई दे,
पास अपने यूं ही, एक दर्पण ज़िंदा रखो।
दिल में अपने सदा, उम्मीदों का आंगन ज़िंदा रखो,
प्यासे लाख सही फिर भी, हसरतों का सावन जिंदा रखो।

यूं भी कमी नहीं ज़माने में, ग़म और गुरबत की,
कि भुला दो सारे ग़म, और खुशियों का गुलशन ज़िंदा रखो।
दिल में अपने सदा, उम्मीदों का आंगन ज़िंदा रखो,
प्यासे लाख सही फिर भी, हसरतों का सावन जिंदा रखो।

बने रहे रिश्ते सारे, क्या अपने, क्या पराए,
गर अपने हो तुम तो अपनों में, अपनापन ज़िंदा रखो।
दिल में अपने सदा, उम्मीदों का आंगन ज़िंदा रखो,
प्यासे लाख सही फिर भी, हसरतों का सावन जिंदा रखो।

हो जाओ बड़े, जिस्म से, मगर याद रहे,
खुशी गर मनानी है तो सीने में, एक बचपन ज़िंदा रखो।
दिल में अपने सदा, उम्मीदों का आंगन ज़िंदा रखो,
प्यासे लाख सही फिर भी, हसरतों का सावन जिंदा रखो।

यूँ बनाओ हस्ती अपनी, कि अमर हो जाओ,
और जीवन के बाद भी तेरे, ये बंधन ज़िन्दा रखो।
दिल में अपने सदा, उम्मीदों का आंगन ज़िंदा रखो,
प्यासे लाख सही फिर भी, हसरतों का सावन जिंदा रखो।

***

शिकन !

बस जा यूं मुझमें, कि बाकी तुझमें खालीपन न रहे,
माथे पे पछतावे की, फिर कोई शिकन न रहे।
तड़पाया है जिसने, बरसों तक तुझे, ऐ दोस्त !
दे दे हर ग़म मुझे, कि फिर तेरी कोई उलझन न रहे।

मैं तेरा हूं, सिर्फ तेरा, और तुम भी मेरे हो, सिर्फ मेरे,
कर दो ज़ाहिर दुनिया को, कि दिल में कोई घुटन न रहे।
बस जा यूं मुझमें, कि बाकी तुझमें खालीपन न रहे,
माथे पे पछतावे की, फिर कोई शिकन न रहे।

यूं बिठा लो मुझे अपनी आंखों में "अब्दुल",
कि बे-अकस फिर कभी, उन आंखों का दर्पण न रहे।
बस जा यूं मुझमें, कि बाकी तुझमें खालीपन न रहे,
माथे पे पछतावे की, फिर कोई शिकन न रहे।

बना लें चलो कांटों को, कुछ यूं अपना हमसफर,
फिर हमारे हिस्से कभी, कांटों की चुभन न रहे।
बस जा यूं मुझमें, कि बाकी तुझमें खालीपन न रहे,
माथे पे पछतावे की, फिर कोई शिकन न रहे।

कर लो हसरतें पूरी अपनी, उम्र बीतने से पहले,
कि जुनून और जज्बे के दरमियां, बाकी कोई चिलमन न रहे।
बस जा यूं मुझमें, कि बाकी तुझमें खालीपन न रहे,
माथे पे पछतावे की, फिर कोई शिकन न रहे।

फैलाकर पंख उड़ जा, खुला है आसमां तेरे वास्ते,
यूं लें अंगड़ाई कि दिल में, दर्द कोई दफन न रहे।
बस जा यूं मुझमें, कि बाकी तुझमें खालीपन न रहे,
माथे पे पछतावे की, फिर कोई शिकन न रहे।

जला दीजिए चाहतों का, एक **"दिया"** अपने दिल में,
कि ज़ख्मों का ज़माने की, सीने में फिर अगन न रहे।
बस जा यूं मुझमें, कि बाकी तुझमें खालीपन न रहे,
माथे पे पछतावे की, फिर कोई शिकन न रहे।

***

कह देगी!

मैं नहीं कह पाऊंगा, मेरी शायरी कह देगी,
कि तुझको एक दिन मेरी धड़कनें, ज़िन्दगी कह देगी।
बरसों तलक जो मैं कह न पाया कभी,
मेरी नज़रें तुझसे वो बातें सारी कह देगी।

जला डालूंगा खुद को भी, इक पल सोचे बग़ैर,
एक बार वो चाहिए मुझको, गर रोशनी कह देगी।
बरसों तलक जो मैं कह न पाया कभी,
मेरी नज़रें तुझसे वो, बातें सारी कह देगी।

किस्से जब चाहतों के, चला करेंगे शहर में,
बातों-बातों में फिर वो भी बात अपनी कह देगी।
बरसों तलक जो मैं कह न पाया कभी,
मेरी नज़रें तुझसे वो बातें सारी कह देगी।

डूब रही हो चाहे, ग़मों के सागर में लेकिन,
नहीं है मेरी ज़िन्दगी में, वो कोई कमी कह देगी।
बरसों तलक जो, मैं कह न पाया कभी,
मेरी नज़रें तुझसे वो बातें सारी कह देगी।

बड़ी ही खूबसूरती से वो, बहला दिया करेगीं,
कि आया है आंखों में ये खुशी से पानी कह देगी।
बरसों तलक जो, मैं कह न पाया कभी,
मेरी नज़रें तुझसे वो बातें सारी कह देगी।

होगी नहीं गरज़ उसे, कागज़ और कलम की,
मेरी कहानी तो वो, यूँ ही जुबानी कह देगी।
बरसों तलक जो, मैं कह न पाया कभी,
मेरी नज़रें तुझसे वो बातें सारी कह देगी।

माना ये किस्सा, सदियों पुराना है मगर,
पूछो उनसे तो आज भी, वो ऐसे ही कह देगी।
बरसों तलक जो, मैं कह न पाया कभी,
मेरी नज़रें तुझसे वो बातें सारी कह देगी।

***

क्या तुम आओगी?

क्या तुम आओगी?
दुश्वार सी है ज़िन्दगी, गायब सी है हर ख़ुशी,
बे-लफ़्ज़ सी है शायरी, गुमसुम सी है चांदनी।
क्या मेरे लफ़्ज़ों को, तुम सुनहरा बनाओगी?
क्या तुम आओगी?

दिल के शहर में अपने मुझे मशहूर करके,
मुझको मेरी सारी, तन्हाईयो से दूर करके।
मेरे ख्वाबों में क्या, अपना ठिकाना बनाओगी?
क्या तुम आओगी?

अश्क कितने बहे, तुम्हें याद करके,
उठे हाथ कितनी बार, तेरी फरियाद करके।
क्या तेरी उल्फत को, मेरा मेहनताना बनाओगी?
क्या तुम आओगी?

मेरी तमन्नाओं को, तेरी तलब देने वाले,
मुझे ज़िन्दगी जीने का, एक सबब देने वाले।
क्या मुझे फिर से, तुम जीना सिखाओगी?
क्या तुम आओगी?

काश! वो लम्हा भी आए, जब आप मेरे साथ हो,
एक दूजे से हम दोनो की, एक दूजे की बात हो।
क्या इस दौर में भी, वो दौर पुराना लाओगी?
क्या तुम आओगी?
क्या तुम आओगी?

***

कौन है?

पहले कौन था ? बता अब कौन है?
पता है तुम्हें, मेरे जीने का सबब कौन है?
किसको पूजता हूं ? किसपे सजदा करता हूं
कि मैं बंदा हूं किसका? और मेरा रब कौन है?

छीन ली रूह जिसने, बस मुस्कुराकर धीरे से,
मासूम, इस दुनिया में, तुमसे ग़ज़ब कौन है?
किसको पूजता हूं ? किसपे सजदा करता हूं
कि मैं बंदा हूं किसका? और मेरा रब कौन है?

एक मुट्ठी में तेरे, मिट्टी रखकर के ज़रा बता,
जानोगे हमारी बिसात है क्या? और हम सब कोन है?
किसको पूजता हूं? किसपे सजदा करता हूं
कि मैं बंदा हूं किसका? और मेरा रब कौन है?

पूजता रहा बरसों, मूरत की मानिंद जिसे,
बताओ कि दुनिया में आशिक, मुझसे अजब कौन है?
किसको पूजता हूं? किसपे सजदा करता हूं
कि मैं बंदा हूं किसका? और मेरा रब कौन है?

आई जो इक जान दुनिया में, तरो-ताजा पहली बार,
पूछो, उससे कि तुम कौन हो? और तेरा मज़हब कौन है?
किसको पूजता हूं? किसपे सजदा करता हूं
कि मैं बंदा हूं किसका? और मेरा रब कौन है?

***

मसले!

काश! कि अपनी किस्मत पे, हमें इख़्तियार हो जाए,
और मसले ज़िन्दगी के सारे, यूं ही पार हो जाए।
एक ये सांस रूके, और फना सारे किस्से,
यूं ही खत्म ज़िन्दगी का इंतज़ार हो जाए।

चलते-चलते यूं एक खंजर मुझे भी लगे,
ये ज़िन्दगी हंसती रहे, और मौत गुलज़ार हो जाए।
काश! कि अपनी किस्मत पे, हमें इख़्तियार हो जाए,
और मसले ज़िन्दगी के सारे, यूं ही पार हो जाए।

लबों और आंखों ने मेरी, दिया है धोखा हर दफा,
कि इन दोनों में चलो आज, एक तकरार हो जाए।
काश! कि अपनी किस्मत पे, हमें इख़्तियार हो जाए,
और मसले ज़िन्दगी के सारे, यूं ही पार हो जाए।

यूं ही कह दिया जैसे उसने, कि नफरत करते हैं,
यूं ही ऐसे ही एक बार, लबों से इकरार हो जाए।
काश! कि अपनी किस्मत पे, हमें इख़्तियार हो जाए,
और मसले ज़िन्दगी के सारे, यूं ही पार हो जाए।

छूम लूं एक बार जो, माथे को उनके प्यार से,
काश! कि यही सिलसिला, फिर बार बार हो जाए।
काश। कि अपनी किस्मत पे, हमें इख़्तियार हो जाए,
और मसले ज़िन्दगी के सारे, यूं ही पार हो जाए।

***

दाग़!

ग़म है न कोई, न ख़ुशी का ठिकाना है कहीं,
न ज़िन्दगी है, और न जीने का बहाना है कहीं।
सजा तो लिए चेहरे को खूबसूरती के नकाब से,
एक दाग़ मगर चेहरे पे,अब भी पुराना है कहीं।

चलते रहे इस आस में, कि आसरा मिल जाए,
मेरे काफ़िले का मगर, न कोई ठिकाना है कहीं।
सजा तो लिए चेहरे को, खूबसूरती के नकाब से,
एक दाग़ मगर चेहरे पे, अब भी पुराना है कहीं।

गली-गली वो ढूंढती रही, किस आस में जाने,
कि इंतज़ार में उनके मरता हुआ, एक दीवाना कहीं।
सजा तो लिए चेहरे को, खूबसूरती के नकाब से,
एक दाग़ मगर चेहरे पे, अब भी पुराना है कहीं।

ठोक कर करते हैं कहीं, ऐलान इकरार-ए-मोहब्बत का,
और तकाज़ा है वक्त का, कि दिल ही में चाहत को दबाना है कहीं।
सजा तो लिए चेहरे को खूबसूरती के नकाब से,
एक दाग़ मगर चेहरे पे, अब भी पुराना है कहीं।

रखता है ज़िंदा प्यार, किसी बेगाने का भी जहां में,
कि है महफ़िल अपनी मगर, चेहरा बेगाना है कहीं।
सजा तो लिए चेहरे को खूबसूरती के नकाब से,
एक दाग़ मगर चेहरे पे, अब भी पुराना है कहीं।

यूँ मिलते है ज़ख्म दिलों के कारोबार में,
कि सोच लिया है अब, न दिल लगाना है कहीं।
सजा तो लिए चेहरे को खूबसूरती के नकाब से,
एक दाग़ मगर चेहरे पे, अब भी पुराना है कहीं।

फ़िज़ा है कहीं खुशनुमा, कहीं मातम की बारिशें,
पतझड़ है कहीं मगर, मौसम सुहाना है कहीं।
सजा तो लिए चेहरे को खूबसूरती के नकाब से,
एक दाग़ मगर चेहरे पे, अब भी पुराना है कहीं।
एक दाग़ मगर चेहरे पे, अब भी पुराना है कहीं।

***

वादा न कर!

लकीर छोटी सी है हाथों की उम्र का तक़ाज़ा न कर,
न मिल सके, कोई बात नहीं, पर झूठा वादा न कर।
आदत ही नहीं मुझे, यूं इतना प्यार पाना,
कसम है तुझे कि मुझे प्यार इतना ज़्यादा न कर।

गुरबत में ही जीना आजकल, रास आता है हमको,
यूं मुस्कुराके खुला, मेरी किस्मत कि दरवाज़ा न कर।
आदत ही नहीं मुझे, यूं इतना प्यार पाना,
कसम है तुझे कि मुझे प्यार इतना ज़्यादा न कर।

खेलें हैं ज़माने ने अक्सर, हर एक खेल मुझसे,
कि फिर एक बार तू मुझे, शतरंज का प्यादा न कर।
आदत ही नहीं मुझे, यूं इतना प्यार पाना,
कसम है तुझे कि मुझे, प्यार इतना ज़्यादा न कर।

ठान लें पहले ऐ दोस्त! कि तुझको चाहिए क्या?
कि दिल से पूछो अपने, फिर उससे मुकरा न कर।
आदत ही नहीं मुझे, यूं इतना प्यार पाना,
कसम है तुझे कि मुझे प्यार इतना ज़्यादा न कर।

पहनकर नकाब सादगी का, चलते हैं लोग भीड़ में,
कि हर किसी को अपनी तरह, तू नादान समझा न कर।
आदत ही नहीं मुझे, यूं इतना प्यार पाना,
कसम है तुझे कि मुझे प्यार इतना ज़्यादा न कर।

***

न जीने देती है !

न जीने देती है कमबख्त, न मरने देती है,
न बनने देती है, और न बिगड़ने देती है।
उतरती है खुद, न मेरे दिल से कभी,
और न मुझे, अपने दिल से उतरने देती है।

माथे के लकीरों की मरम्मत तो हज़ार की,
ये तक़दीर है कि किस्मत को, न संवरने देती है।
उतरती है खुद, न मेरे दिल से कभी,
और न मुझे अपने दिल से उतरने देती है।

देने को हर इम्तिहान, हम तो खड़े है कबसे,
पर, हद बांध कर रखी है, न हद से गुज़रने देती है।
उतरती है खुद, न मेरे दिल से कभी,
और न मुझे अपने दिल से उतरने देती है।

सीखा है शायद उसी ने, दुनिया के सारे रिवाज़,
कि सबब उनकी आंसुओं का, हमको न समझने देती है।
उतरती है खुद, न मेरे दिल से कभी,
और न मुझे, अपने दिल से उतरने देती है।

दे रहा है दावत, आग़ोश में अपनी आसमां मगर,
हथकड़ी रिवाजों की, पिंजरे से न निकलने देती है।
उतरती है खुद, न मेरे दिल से कभी,
और न मुझे, अपने दिल से उतरने देती है।

***

मजमा !

बड़ा ही अजब ज़िन्दगी का, फलसफा हो गया,
रोए तो तन्हा मगर, हंसे तो मजमा हो गया।
उसने चलाईं खंजर, तो सराहा गया उसे,
और प्यार जो बांटा मैंने, तो बुरा हो गया।

मिट गए वो दस्तूर, चाहतों में मर मिटने के,
कि अब चाहतें फक्त, जिस्मों का सौदा हो गया।
उसने चलाईं खंजर, तो सराहा गया उसे,
और प्यार जो बांटा मैंने, तो बुरा हो गया।

ये वो दौर है जहां, कीमत सबकी लगती है,
कि शबाब सस्ती हो गई, और शराब महंगा हो गया।
उसने चलाईं खंजर, तो सराहा गया उसे,
और प्यार जो बांटा मैंने, तो बुरा हो गया।

सूखी पड़ी है अरसे से, बर्फ सी नमी लिये,
ये कौन कह दिया कि इश्क, आग का दरिया हो गया।
उसने चलाईं खंजर, तो सराहा गया उसे,
और प्यार जो बांटा मैंने, तो बुरा हो गया।

निकल ही गई आख़िर, एक बार लबों से उनके,
कि मिल जाना यूं आपसे, एक खूबसूरत बला हो गया।
उसने चलाईं खंजर, तो सराहा गया उसे,
और प्यार जो बांटा मैंने, तो बुरा हो गया।

***

ख़्वाब!

उठ जाता हूं अक्सर रातों को, उनके ख्वाब देखकर,
जैसे शाम रोशन हो जाती है, आफताब देखकर।
एक **चाँद** मेरे पास हो, तो क्यों न इतराऊं?
कि कांटे भी इतरा जाते हैं, पास में गुलाब देखकर।

दिल ने अब सवाल करना, छोड़ ही दिया है,
ज़माने में लोगों के बेतुके जवाब देखकर।
एक **चाँद** मेरे पास हो, तो क्यों न इतराऊं?
कि कांटे भी इतरा जाते हैं, पास में गुलाब देखकर।

मुझको मेरी तन्हाईयां भी, अच्छी लगने लगी,
महफ़िल में चेहरों पे, लोगों के नकाब देखकर।
एक **चाँद** मेरे पास हो, तो क्यों न इतराऊं?
कि कांटे भी इतरा जाते हैं, पास में गुलाब देखकर।

जाने दो अब ये दिल, डरता है चाहतों से,
चाहतों की दुनिया का हिसाब किताब देखकर
एक **चाँद** मेरे पास हो, तो क्यों न इतराऊं?
कि कांटे भी इतरा जाते हैं, पास में गुलाब देखकर।

वो आए मुझे कत्ल करने, पर कत्ल हो गए,
कत्ल हो जाने को उनकी, सालों से बेताब देखकर।
एक **चाँद** मेरे पास हो, तो क्यों न इतराऊं?
कि कांटे भी इतरा जाते हैं, पास में गुलाब देखकर।

***

तेरे सारे ग़म मेरे !

कभी तो कबूल कर, खुदारा! तू करम मेरे,
कि लगे न जाया कभी, मुझको ये जनम मेरे।
हाज़िर है ये जां, सदके में तेरे, ऐ "अब्दुल",
कि मेरी सारी खुशियाँ तेरी, और तेरे सारे ग़म मेरे।

मुझको यूं ही बस, तेरे खयालों में रहने दो,
कि टूटने न दो, अब कोई भी भरम मेरे।
हाज़िर है ये जां, सदके में तेरे, ऐ **"अब्दुल"**,
कि मेरी सारी खुशियाँ तेरी, और तेरे सारे ग़म मेरे।

ठान ली है तो ठान ली है, कि सीने से लगाना है,
कि हटाएँगे न पीछे अब बड़े हुए कदम मेरे।
हाज़िर है ये जां, सदके में तेरे, ऐ **"अब्दुल"**,
कि मेरी सारी खुशियाँ तेरी, और तेरे सारे ग़म मेरे।

मोहब्बत थी तो जाने दी, छीन लेता जो ज़िद होती,
कि रोक रखा है मुझे, चंद उलझे हुए कसम तेरे।
हाज़िर है ये जां, सदके में तेरे, ऐ **"अब्दुल"**,
कि मेरी सारी खुशियाँ तेरी, और तेरे सारे ग़म मेरे।

हर दर्द ज़माने का, हँस-हँस के सह गए,
कि मारा है अक्सर मुझे खुद के ही सितम मेरे।
हाज़िर है ये जां, सदके में तेरे, ऐ **"अब्दुल"**,
कि मेरी सारी खुशियाँ तेरी, और तेरे सारे ग़म मेरे।

***

मोहरे !

ज़िन्दगी की बिसात में, हम सभी मोहरे है,
कि एक-एक चेहरे के पीछे, छिपे हज़ार चेहरे हैं।
चुभता है नासूर सा, हर पल, हर लम्हा,
इक-इक दर्द ज़माने के इस कदर गहरे हैं।

सीरत जो हुई ज़ाहिर, शर्मिंदा मैं हो गया,
कागज़ों पे लिखे मगर, नाम उनके सुनहरे हैं।
ज़िन्दगी की बिसात में, हम सभी मोहरे हैं,
कि एक-एक चेहरे के पीछे छिपे हज़ार चेहरे हैं।

मंजिलों को हमने अपनी, बस तुझी पे समेटा है,
कि जहां छोड़ गए थे कभी, आज भी वहीं
ज़िन्दगी की बिसात में, हम सभी मोहरे हैं,
कि एक-एक चेहरे के पीछे छिपे हज़ार चेहरे हैं।

एक कली के खिलने से, बाग़ जो महक उठा,
बागबाँ की भी खुद, उसी डाली पे पहरे हैं।
ज़िन्दगी की बिसात में, हम सभी मोहरे हैं,
कि एक-एक चेहरे के पीछे छिपे हज़ार चेहरे हैं।

इक-इक पल मानो, पर्वतों सा काटा हूँ,
कि जुदाई में किसी की, तन्हा-तन्हा गुज़रे हैं।
ज़िन्दगी की बिसात में, हम सभी मोहरे हैं,
कि एक-एक चेहरे के पीछे छिपे हज़ार चेहरे हैं।

***

कोई अपना सा !

काश! कि इस शहर में मिल जाए कोई अपना सा,
तन्हा सा इस सफ़र में मिल जाए कोई अपना सा।
बहुत जी ली हमने, अकेले ही ज़िन्दगी मगर,
काश! मेरे मुकद्दर में मिल जाए कोई अपना सा।

ढूंढते हैं सबकी नज़रों में, बेताब से हम,
जाने किसकी नज़र में मिल जाए कोई अपना सा
काश! इस शहर में मिल जाए कोई अपना सा,
तन्हा सा इस सफ़र में मिल जाए कोई अपना सा

कहते हैं कि मुश्किलों में, हाथ थाम लेते हैं दोस्त,
इसलिए खड़े हैं भंवर में, कि मिल जाए कोई अपना सा।
काश! इस शहर में मिल जाए कोई अपना सा,
तन्हा सा इस सफ़र में मिल जाए कोई अपना सा

अश्कों के मोती, जो बहे तो बहते ही गए,
जाने इस समन्दर में मिल जाए कोई अपना सा
काश! इस शहर में, मिल जाए कोई अपना सा,
तन्हा सा इस सफ़र में मिल जाए कोई अपना सा

जोड़कर ईंट पत्थर, बनाया जो एक आशियाँ,
क्या पता? इस घर में मिल जाए कोई अपना सा
काश! कि इस शहर में मिल जाए कोई अपना सा,
तन्हा सा इस सफ़र में मिल जाए कोई अपना सा ।

***

ये ज़िन्दगी !

कागज़ पे कभी, लिखी जाती है ज़िन्दगी,
कि क्या-क्या रंग, दिखाती है ये ज़िन्दगी।
मखमल से जो कभी, ज़मीं पर उतरे न थे,
मिट्टी में ही उन्हें, फिर मिलाती है ये ज़िन्दगी।

रोशन घर किसी का, करने के वास्ते,
घर किसी का कहीं, जलाती है ये ज़िन्दगी।
मखमल से जो कभी, ज़मीं पर उतरे न थे,
मिट्टी में ही उन्हें, फिर मिलाती है ये ज़िन्दगी।

चले गए थे जो आसमां तक, गुरूर में कभी,
ज़मीं पर ही फिर उन्हें, लें आती है ये ज़िन्दगी।
मखमल से जो कभी, ज़मीं पर उतरे न थे,
मिट्टी में ही उन्हें, फिर मिलाती है ये ज़िन्दगी।

ये प्यार, वफ़ा और कसमें वादे, रह जाती है यहीं,
जब पाला हकीकत से, पड़ाती है ये ज़िन्दगी।
मखमल से जो कभी, ज़मीं पर उतरे न थे,
मिट्टी में ही उन्हें, फिर मिलाती है ये ज़िन्दगी।

यूं ही चलती है, बस आख़री साँस तक,
बनती है किसी की और बिगड़ जाती है ये ज़िन्दगी।
मखमल से जो कभी, ज़मीं पर उतरे न थे,
मिट्टी में ही उन्हें, फिर मिलाती है ये ज़िन्दगी।

***

वो ग़म याद आता है !

अक्सर तन्हाई में हमें, वो सितम याद आता है,
ज़माने से मिला हमें, हर वो ग़म याद आता है।
याद आता है कि कैसे, मेरे अपने बेगाने हुए,
और बेगानों का मुझपे किया, करम याद आता है।

वो दर्द की काली रात, जो बीते बीते बीती,
और रात भर रही ये आँखें नम याद आता है।
अक्सर तन्हाई में हमें, वो सितम याद आता है,
ज़माने से मिला हमें, हर वो ग़म याद आता है।

रात भर जमी न थी, वो आँसुओं का सैलाब,
था मेरा नसीब कितना, बेरहम याद आता है।
अक्सर तन्हाई में हमें, वो सितम याद आता है,
ज़माने से मिला हमें, हर वो ग़म याद आता है।

समझा ही नहीं किसी ने, इतने बुरे थे हम,
कि बेकार गया मेरा, ये पूरा जनम याद आता है।
अक्सर तन्हाई में हमें, वो सितम याद आता है,
ज़माने से मिला हमें, हर वो ग़म याद आता है।

कैसे हमने ता-उम्र, एतबार किया जिनपे,
और पल में कैसे टूटा, वो भरम याद आता है।
अक्सर तन्हाई में हमें, वो सितम याद आता है,
ज़माने से मिला हमें, हर वो ग़म याद आता है।

***

नीलाम !

ज़िन्दगी के सफ़र में, जब कभी शाम होते हैं,
लबों पे सभी के, अक्सर कोई नाम होते हैं।
ले जाता है कोई, सब कुछ किसी का,
और सरेआम किसी के वास्ते, कोई नीलाम होते हैं।

उसने इज़्ज़त हमारी, सरे बाज़ार उछाली तो क्या?
जो रहगुज़र होते हैं, हमेशा वही बदनाम होते हैं।
ले जाता है कोई, सब कुछ किसी का,
और सरेआम किसी के वास्ते, कोई नीलाम होते हैं।

एक बार ख्वाइशों को अपने सीने में दफन कर देख,
कोई ग़म न रहे बाकी और कितने आराम होते हैं।
ले जाता है कोई, सब कुछ किसी का,
और सरेआम किसी के वास्ते कोई नीलाम होते हैं।

सबकी दुआओं का, यूं होता है असर मुझपे,
जो भी काम होते हैं, हम बस, नाकाम होते हैं।
ले जाता है कोई, सब कुछ किसी का,
और सरेआम किसी के वास्ते, कोई नीलाम होते हैं।

मेरा सर जैसे, सबकी मुश्किलों का आसरा है,
कि गुनाह कोई भी करे, मुझपे ही इल्ज़ाम होते हैं।
ले जाता है कोई, सब कुछ किसी का,
और सरेआम किसी के वास्ते, कोई नीलाम होते हैं।

***

पाने वाले हैं !

हम अपने ग़म, खुद ही में छुपाने वाले हैं,
नहीं किसी को भी, कभी बतलाने वाले हैं।
मेरी ज़िन्दगी की कहानी, मुझसे ही छिपी है,
पर, सुनने वाले हैं कई, और कई सुनाने वाले हैं।

धार, जो आँसुओं की, मेरी आँखों से बही है,
समेटकर उन्हें हम, समन्दर बनाने वाले हैं।
हम अपने ग़म, खुद ही में छुपाने वाले हैं,
नहीं किसी को भी, कभी बतलाने वाले हैं।

रोए जब हम, तो तन्हा ही रोया किये
अब महफ़िल में मगर, सभी साथ निभाने वाले हैं।
हम अपने ग़म, खुद ही में छुपाने वाले हैं,
नहीं किसी को भी, कभी बतलाने वाले हैं।

फैलाया सबके ही वास्ते, हमने दामन अपना,
लोग मगर सभी यहाँ, दामन छुड़ाने वाले हैं।
हम अपने ग़म, खुद ही में छुपाने वाले हैं,
नहीं किसी को भी, कभी बतलाने वाले हैं।

कोई नहीं किसी का यहाँ, सब कुछ फरेब है,
कि दिल में रखकर कुछ और, कुछ और दिखाने वाले हैं।
हम अपने ग़म, खुद ही में छुपाने वाले हैं,
नहीं किसी को भी, कभी बतलाने वाले हैं।

***

तेरी परछाई !

तेरी परछाई हमें, जहाँ दिखाई देती है,
हमें ज़िन्दगी अपनी, वहाँ दिखाई देती है।
खामोशियों की गली से, हम जब भी गुज़रे,
तेरे ही चाहतों की, कहकशाँ दिखाई देती है।

सोचता हूं कि कुछ दूरी पे, शायद तुम मिले,
हर मोड़ पे ये दिल मगर, तन्हा दिखाई देती है
तेरी परछाई हमें, जहाँ दिखाई देती है,
हमें ज़िन्दगी अपनी, वहाँ दिखाई देती है।

खुशियों की महफ़िल में, हम जब भी गये,
दूर कोने में मायूस, वो लम्हा दिखाई देती है।
तेरी परछाई हमें, जहाँ दिखाई देती है,
हमें ज़िन्दगी अपनी, वहाँ दिखाई देती है।

आगे बड़े तो क़यामत, पीछे हटे तो क़यामत,
बड़ी अजीब सी मेरी, ये दास्तां दिखाई देती है।
तेरी परछाई हमें, जहाँ दिखाई देती है
हमें ज़िन्दगी अपनी, वहाँ दिखाई देती है।

या रब!, इस कागज़ की कश्ती को पार लगा,
कि अब तेरे ही दम पे, आसरा दिखाई देती है।
तेरी परछाई हमें, जहाँ दिखाई देती है,
हमें ज़िन्दगी अपनी, वहाँ दिखाई देती है ।

***

मुकद्दर !

तेरे आने पे होता है, रौशन ये घर मेरा,
कि मुकम्मल तेरे साथ चलने से है सफ़र मेरा।
ऐ मेरे हमदम, मेरे हमराज़ सुन लो,
है तुझी से शुरू, और खतम ये मुकद्दर मेरा।

ऐ, मुझे तड़पता हुआ छोड़, भूल जाने वाले,
तेरी ही चौखट पे, आजकल है बसर मेरा।
ऐ मेरे हमदम, मेरे हमराज़ सुन लो,
है तुझी से शुरू, और खतम ये मुकद्दर मेरा।

ये सोच, हम उठा लेंगे, सारे जहाँ के ग़म,
कि इस सफ़र में ज़िन्दगी के, तुम हो हमसफर मेरा।
ऐ मेरे हमदम, मेरे हमराज़ सुन लो,
हैं तुझी से शुरू, और खतम ये मुकद्दर मेरा।

तुम साथ थे, तो दुआएँ सारी हुई कबूल,
कि तुम्हीं से आया है, दुआओं में असर मेरा।
ऐ मेरे हमदम, मेरे हमराज़ सुन लो,
है तुझी से शुरू, और खतम ये मुकद्दर मेरा।

एक बूंद उल्फत की, तूने जो पिलाई थी कभी,
वहीं आज तलक है, मोहब्बतों का समन्दर मेरा।
ऐ मेरे हमदम, मेरे हमराज़ सुन लो,
है तुझी से शुरू, और खतम ये मुकद्दर मेरा।

***

शायद !

झूठ भी कहती है, कभी-कभी ये दर्पण शायद,
मेरी सादगी ही बन जाती, हरदम मेरी दुश्मन शायद ।
ये मन, जो काबू में उनके हो चला है आजकल,
कमज़ोर मुझे कर देती है, मुझको मेरा ये "मन" शायद ।

यूं चढ़ा है गुमान, उनको अपनी जवानी पे,
कि लगता है उनको कि सदाबहार है उनका यौवन शायद ।
झूठ भी कहती हैं, कभी कभी ये दर्पण शायद,
मेरी सादगी ही बन जाती है, हरदम मेरी दुश्मन शायद ।

करतीं हैं मुस्कुराकर, शिकार चैन-ओ-सुकून का,
कि मशहूर है शहर में, उनका ये फन शायद ।
झूठ भी कहती है, कभी कभी ये दर्पण शायद,
मेरी सादगी ही बन जाती है, हरदम मेरी दुश्मन शायद ।

दिये कितने दस्तक, पर वो अनजान बने रहे,
कि उनको भी प्यारी लगती है, उनकी ये घुटन शायद ।
झूठ भी कहती है, कभी कभी ये दर्पण शायद,
मेरी सादगी ही बन जाती है, हरदम मेरी दुश्मन शायद ।

याद उनको कितने दिलाये, जो वादे उसने किए,
उन वादों को कर रखा है, उसने कहीं दफन शायद।
झूठ भी कहती है, कभी कभी ये दर्पण शायद,
मेरी सादगी ही बन जाती है, हरदम मेरी दुश्मन शायद ।

***

एहसास लिखता हूं!

जब भी मैं तुम्हें, अपने पास लिखता हूँ।
लोग कहते हैं कि मैं बहुत खास लिखता हूँ।
पढ़ लिया करते हैं, लोग मिज़ाज मेरे,
जब भी मैं दिल के, अपने एहसास लिखता हूँ।

कह जाती है आसानी से, वो खामोशी से सब कुछ,
और बड़ी खामोशी से उनकी, मैं आवाज़ लिखता हूँ।
पढ़ लिया करते हैं, लोग मिज़ाज मेरे,
जब भी मैं दिल के, अपने एहसास लिखता हूँ।

लिख लेती है वो अपनी आँखों का काजल मुझे,
और मैं उसे अपने रूह का, लिबास लिखता हूँ।
पढ़ लिया करते हैं, लोग मिज़ाज मेरे,
जब भी मैं दिल के, अपने एहसास लिखता हूँ।

काटती है मेरे बग़ैर, वो तन्हाईयों में अक्सर,
और बग़ैर उसके मैं हर लम्हा, उदास लिखता हूँ।
पढ़ लिया करते हैं, लोग मिज़ाज मेरे,
जब भी मैं दिल के, अपने एहसास लिखता हूँ।

पलकों से झुकी हुई वो, कर देती है किस्सा तमाम,
और उठाकर पलकों को मैं, किस्से का आग़ाज़ लिखता हूँ।
पढ़ लिया करते हैं, लोग मिज़ाज मेरे,
जब भी मैं दिल के, अपने एहसास लिखता हूँ।

***

फूल या कांटे !

हमने तो प्यार का, बस वास्ता दिया है,
वो फूल दे या कांटे, ये उनकी अदा है।
और जाने ज़माने में क्या दस्तूर चला है,
कि जो सर झुकाए है, सर उसी का कटा है।

ये खता थी हमारी, कि हमने वफ़ा की,
वो कहते है ज़माने से, हम बड़े बेवफा हैं।
हमने तो प्यार का, बस वास्ता दिया है,
वो फूल दे या कांटे, ये उनकी अदा है।

कहने को तो दूरी, लम्हों की भी नहीं,
फिर भी लगता है, सदियों का फासला है।
हमने तो प्यार का, बस वास्ता दिया है,
वो फूल दे या कांटे, ये उनकी अदा है।

वो रोए और रोए, और रोते ही चले गए,
और आज तक जारी, ये रोने का सिलसिला है।
हमने तो प्यार का, बस वास्ता दिया है,
वो फूल दे या कांटे, ये उनकी अदा है।

कुछ नहीं हमारे हद में, सब उसकी कुदरत है,
जो रहता है आसमान में, नाम जिसका ख़ुदा है।
हमने तो प्यार का, बस वास्ता दिया है,
वो फूल दे या कांटे, ये उनकी अदा है।

***

हम मिट गए !

पूरे शहर में तूने, एक मुझको ही तन्हा रखा,
कि क्यों ऐसा मेरे साथ, तूने ऐ ख़ुदा रखा।
हम मिट गए कि चलो, दूरियां मिट जाए,
फिर भी एक फासला उसने, दोनों के दरमियां रखा।

डूब ही गए थे हम, गर्दिशों के सागर में,
उम्मीदों का फिर भी हमने, जलाए हुए **"दिया"** रखा।
हम मिट गए कि चलो, दूरियां मिट जाए,
फिर भी एक फासला उसने, दोनों के दरमियां रखा।

उनके दिल में मेरी मोहब्बत की ही पनाह दी,
सारी मोहब्बतों को जाने उसने उठाके दिल से कहां रखा ?
हम मिट गए कि चलो, दूरियां मिट जाए,
फिर भी एक फासला उसने, दोनों के दरमियां रखा।

उनकी नफरत कभी तो, शक्ल में आए प्यार की,
ये सोच, उनके कदमों में, हमने सारा जहां रखा।
हम मिट गए कि चलो, दूरियां मिट जाए,
फिर भी एक फासला उसने, दोनों के दरमियां रखा।

ज़ुबां पे हर किसी के बस एक ही कहानी रही,
कि ऐ **"अब्दुल"** तूने क्यों जानबूझ, ग़मो से रिश्ता रखा ?
हम मिट गए कि चलो, दूरियां मिट जाए,
फिर भी एक फासला उसने, दोनों के दरमियां रखा।

***

तन्हा देखता हूं!

जब कभी मैं ज़िन्दगी का आईना देखता हूं,
अपने आप को एकदम तन्हा देखता हूं।
रिश्तों की चंद डोर, कहने को साथ है मगर,
दोस्तों से ज्यादा दुश्मनों का काफिला देखता हूं।

मैंने आंखों की खिड़की, बन्द तो कर ली लेकिन,
उनके लिए हमेशा, पलकों को खुला देखता हूं।
जब कभी मैं ज़िन्दगी का, आईना देखता हूं,
अपने आप को एकदम तन्हा देखता हूं।

एक चोट खाए, बरसों बीत गए,
पर, आज भी उन ज़ख्मों को, हरा देखता हूं।
जब कभी मैं ज़िन्दगी का, आईना देखता हूं,
अपने आप को एकदम, तन्हा देखता हूं।

मेरी कब्र पे जो, दो फूल ही न चढ़ा सके,
आंगन में उनके फूलों का, बगीचा देखता हूं।
जब कभी मैं ज़िन्दगी का, आईना देखता हूं,
अपने आप को एकदम तन्हा देखता हूं।

खुद ही मिटाई है हमने अपनी हस्ती को यहां,
कि अब खुद को होता मैं, फना देखता हूं।
जब कभी मैं ज़िन्दगी का, आईना देखता हूं,
अपने आप को एकदम तन्हा देखता हूं।
अपने आप को एकदम तन्हा देखता हूं।

***

इंतज़ार में !

यूं लिया है, उल्फत का सहारा मैंने,
कि तुम्हें देर तक बैठकर निहारा मैंने।
आओगी एक रोज़, इस इंतज़ार में,
सदियों तलक अकेले गुज़ारा मैंने

एक बार तो सुने काश! वो मेरी सदा,
इसी आस में उसे, देर तक पुकारा मैंने।
आओगी एक रोज़, इस इंतज़ार में,
सदियों तलक अकेले, गुज़ारा मैंने।

खाई ठोकर फिर, फिर हुआ ज़ख़्मी,
वही खता, फिर दोबारा मैंने।
आओगी एक रोज़, इस इंतज़ार में,
सदियों तलक अकेले गुज़ारा मैंने।

सोचकर कि आदत है, उन्हें रोशनी की,
खुद ही पे छिड़का है, एक शरारा मैंने।
आओगी एक रोज़, इस इंतज़ार में,
सदियों तलक अकेले गुज़ारा मैंने।

रोका हर बार ज़िन्दगी ने, पर हम ही थे नादां
कि समझा न कभी ज़िन्दगी का इशारा मैंने।
आओगी एक रोज़, इस इंतज़ार में,
सदियों तलक अकेले गुज़ारा मैंने।
सदियों तलक अकेले गुज़ारा मैंने।

***

तलाश है !

भूली-बिसरी सी उन यादों की तलाश है,
सामने है मंज़िल फिर भी, मंजिलों की तलाश है।
ख़्वाब तो हर रोज़ आते हैं आंखों में,
तू आ जाए जिसमें उन ख़्वाबों की तलाश है।

लिखा करते थे कभी, मौज में एक दूजे का नाम,
बगीचे के उजड़े हुए, उन दरख्तों की तलाश है।
भूली-बिसरी सी उन, यादों की तलाश है,
सामने है मंज़िल फिर भी, मंजिलों की तलाश है।

बिछड़ गए वो हमसे, देकर दुहाई जिन फासलों की,
मेरी चाहत को आज भी, उन फासलों की तलाश है
भूली-बिसरी सी उन, यादों की तलाश है,
सामने है मंज़िल फिर भी मंजिलों की तलाश है।

कह गए थे वो हमसे मिलेंगे इसी रास्ते,
सदियों से आज तक मुझे, उन रास्तों की तलाश है।
भूली-बिसरी सी उन, यादों की तलाश है,
सामने है मंज़िल फिर भी, मंजिलों की तलाश है।

अपनी ओर मुझे बुलाती, वो ख़ामोश नज़रें,
फूलों के बीच फूलों सी, उन नज़रों की तलाश है।
भूली-बिसरी सी उन यादों की तलाश है,
सामने है मंज़िल फिर भी, मंजिलों की तलाश है।
मंजिलों की तलाश है।

***

बाकी है !

बसे हो तुम दिल में, अब रूह में समाना बाकी है,
भूल गए हो चाहत मेरी, अब याद दिलाना बाकी है।
गिरा दी, एक-एक कर, हमने सारी दीवारें,
दरमियां फासलों की अब दीवार गिराना बाकी है।

है खबर सबको ज़माने में, एक उनके सिवा
कि उनको भी अब मेरा ये हाल बताना बाकी है।
गिरा दी एक-एक कर, हमने सारी दीवारें,
दरमियां फासलों की अब दीवार गिराना बाकी है।

मिट गए बरसों पहले, हम तो उनकी यादों में,
अब तो फकत मेरे जिस्म को, कफ़न पहनाना बाकी है।
गिरा दी एक एक कर, हमने सारी दीवारें,
दरमियां फासलों की अब, दीवार गिराना बाकी है।

थम गई धड़कने कबसे, तुम्हें क्या पता,
अब सीने में सिर्फ सांसों का आना जाना बाकी है।
गिरा दी एक एक कर, हमने सारी दीवारें,
दरमियां फासलों की अब, दीवार गिराना बाकी है।

मर गए इंतज़ार में लेकिन, खुली रही आंखें,
और वो कहते हैं मुझसे ही, कि अभी प्यार निभाना बाकी है।
गिरा दी एक एक कर, हमने सारी दीवारें,
दरमियां फासलों की अब, दीवार गिराना बाकी है।

***

असर है!

नज़रें ढूंढती है तुम्हें, तेरी निगाहों का असर है,
बहुत करीब महसूस होते हो, फिज़ाओं का असर है।
लाया करीब जिसने, रूहों की हद तक हमें,
निभाई जो हमने दिल से, उन वफाओं का असर है।

न मिटा सकी दूरियां, चाहत को हमारी,
कुछ और नहीं फक्त तेरे, हौसलों का असर है।
लाया करीब जिसने, रूहों की हद तक हमें,
निभाई जो हमने दिल से, उन वफाओं का असर है।

आती है मेरी धड़कनों से, तेरी ही खुशबू,
एक दूजे में समा गए जो उन चाहतों का असर है।
लाया करीब जिसने, रूहों की हद तक हमें,
निभाई जो हमने दिल से, उन वफाओं का असर है।

हर बार मुझे कर देती है, ज़िंदा जाने कैसे ?
लगता है किसी अपने की, ये दुआओं का असर है।
लाया करीब जिसने, रूहों की हद तक हमें,
निभाई जो हमने दिल से, उन वफाओं का असर है।

मिलकर भी हम खुदारा, मिल न पाए कभी,
पिछले जनम की शायद, ये गुनाहों का असर है।
लाया करीब जिसने, रूहों की हद तक हमें,
निभाई जो हमने दिल से, उन वफाओं का असर है।

***

एक खुशी !

अंधेरों में कहीं, रोशनी ढूंढता हूं,
कि गहराई में सागर की, मोती ढूंढता हूं।
मुद्दतें बीत गई, एक पल मुस्कुराए हुए,
कि फिर से मुस्कुराने को, एक खुशी ढूंढता हूं।

जो भुला दे मेरे, सारे ग़म ज़माने के,
कभी तो मिले ऐसी, सादगी ढूंढता हूं।
मुद्दतें बीत गई, एक पल मुस्कुराए हुए,
कि फिर से मुस्कुराने को, एक खुशी ढूंढता हूं।

आमद तक उनके, मुझे जिंदा जो रहना है,
लेटा हुआ हूं कब्र पे, और ज़िन्दगी ढूंढता हूं।
मुद्दतें बीत गई, एक पल मुस्कुराए हुए,
कि फिर से मुस्कुराने को, एक खुशी ढूंढता हूं।

इंसानों की बस्ती में, जो मिला नहीं मुझे,
जानवरों के इलाके में अब आदमी ढूंढता हूं।
मुद्दतें बीत गई, एक पल मुस्कुराए हुए,
कि फिर से मुस्कुराने को, एक खुशी ढूंढता हूं।

जिनकी गोद में सर रखकर, सो जाऊं सदा के लिए
एक अरसे से दुनिया में ऐसी, दोस्ती ढूंढता हूं।
मुद्दतें बीत गई, एक पल मुस्कुराए हुए,
कि फिर से मुस्कुराने को, एक खुशी ढूंढता हूं।

***

मैं तुझे थाम लूंगा !

चेहरे पे झुर्रियां आने लगे जब,
मन में मायूसी छाने लगे जब,
आईना भी नज़रें चुराने लगे जब,
मैं तेरे साथ, फिर भी रहूंगा,
मैं रहूं, न रहूं, तुझे थाम लूंगा।

सारी ज़िम्मेदारी, जो हो जाए पूरी,
जब दूर तुम्हारी, हो जाए मजबूरी,
कहानी कोई लगे, जो करनी हो पूरी,
मैं तेरे साथ, फिर भी रहूंगा।
तुम देख लेना, मैं तुझे थाम लूंगा।

बड़े कदम कभी, लड़खड़ाने लगे जो,
जुबां भी कुछ कहने से, डगमगाने लगे जो,
और शाम ज़िन्दगी की, पास आने लगे जो,
मैं तेरे साथ, फिर भी रहूंगा।
तुम देख लेना, मैं तुझे थाम लूंगा।

बन्द किसी कमरे में, जो रोओगी तन्हाई में,
देखा करोगी मुझे, अपनी परछाई में,
होगी ज़रूरत एक हाथ की, जो अपनी कलाई में,
मैं तेरे साथ, तब भी रहूंगा।
मैं रहूं, न रहूं, तुझे थाम लूंगा।

भारी पड़े जब, ढलती उम्र बाकी की,
लगे जरुरत तुम्हें, जो एक साथी की,
और कदमों को जब हो गरज़ बैशाखी की,
मैं तेरे साथ, तब भी रहूंगा।
मैं रहूं, न रहूं, तुझे थाम लूंगा।

ज़माने से मायूस जब, खुद को उदास देखोगी,
हमेशा मुझे तुम, अपने ही पास देखोगी,
और दिल में अपनी, मेरी धडखानो का एहसास देखोगी,
तुम देख लेना, मैं तेरे साथ हमेशा रहूँगा।
मैं तेरे साथ, तब भी रहूंगा।
मैं रहूं, न रहूं, तुझे थाम लूंगा।
तुझे थाम लूंगा।
तुझे थाम लूंगा।

***

अल्फ़ाज़ !

मैं तुझको अपने अन्दर, समाना चाहता हूं,
तेरे अन्दर ही रहना नहीं बाहर जाना चाहता हूं।
माना कि मुझे, अल्फ़ाज़ ही नहीं मिलते,
पर, क्या बंधन है हम दोनों में, बतलाना चाहता हूं।

बहुत बड़ी नहीं है, हसरत ज़िन्दगी की मेरी,
बस ! तेरे कंधे पे सर रखकर सो जाना चाहता हूं।
माना कि मुझे अल्फ़ाज़ ही नहीं मिलते,
पर, क्या बंधन है हम दोनों में, बतलाना चाहता हूं।

वो लम्हे, जिनको हमने खो दिये थे कभी,
उन सारे लम्हों को फिर दोहराना चाहता हूं।
माना कि मुझे अल्फ़ाज़ ही नहीं मिलते,
पर, क्या बंधन है हम दोनों में, बतलाना चाहता हूं।

बसाकर मन- मन्दिर में, तुम्हारी पूजा करूं,
और तुझे अपना, भगवान बनाना चाहता हूं।
माना कि मुझे अल्फ़ाज़ ही नहीं मिलते,
पर, क्या बंधन है हम दोनों में, बतलाना चाहता हूं।

क्यों मिटती नहीं ये चाहत, हमारी- तुम्हारी ?
कि क्या है "कशिश" ये दरमियां, दिखाना चाहता हूं।
माना कि मुझे अल्फ़ाज़ ही नहीं मिलते,
पर, क्या बंधन है हम दोनों में, बतलाना चाहता हूं।

***

ऐ मौला !

ऐ मौला! मुझे कभी न, रास्तों की धूल कर,
किस्मत का कांटा हूं, उठाकर मुझे एक फूल कर
अभी मशगूल हूं, तिनका-तिनका जोड़ने में,
फिर तिनका-तिनका मुझे, बांटने में मशगूल कर।

न बिछड़े दुनिया में कोई भी चाहत वाले,
सारे ज़माने में आम, या ख़ुदा ! ये उसूल कर।
ऐ मौला! मुझे कभी न, रास्तों की धूल कर,
किस्मत का कांटा हूं, उठाकर मुझे एक फूल कर

सदके में एक "खुशी", डाल दें मेरी झोली में,
कि मेरी ये दुआ कभी, या रब! न तू फ़िज़ूल कर।
ऐ मौला! मुझे कभी न, रास्तों की धूल कर,
किस्मत का कांटा हूं, उठाकर मुझे एक फूल कर।

पहुंच ही जाऊं मंज़िल पे, देर-सवेर ही सही,
कि तेरे तरकश की मालिक, मुझे भी एक शूल कर।
ऐ मौला! मुझे कभी न, रास्तों की धूल कर,
किस्मत का कांटा हूं, उठाकर मुझे एक फूल कर।

कर दे मरम्मत, मेरे माथे के लकीरों की,
मेरे मौला! तेरे बन्दे हैं, अरज़ी हमारी कबूल कर
ऐ मौला! मुझे कभी न, रास्तों की धूल कर।
किस्मत का कांटा हूं, उठाकर मुझे एक फूल कर।

***

ख़ुदाई !

कुछ तो अपने अक्स की, मुझको परछाई दे,
हर तरफ फिर मुझे, तू ही दिखाई दे।
तुझको सोचूं, तुझको देखूं और तुझी को पूजूं
अपने किरदार की ऐ ख़ुदा ! ऐसी खुदाई दे।

शौक़ नहीं मुझे, मशहूर होने का ज़माने में,
बस, तेरी चाहत में, जी भरके रूसवाई दे।
तुझको सोचूं, तुझको देखूं और तुझी को पूजूं,
अपने किरदार की ऐ ख़ुदा ! ऐसी खुदाई दे।

उछाल दे फिज़ा में, कुछ ऐसी आबोहवा,
उसको पुकारूं मैं, तो वो ही दिखाई दे
तुझको सोचूं, तुझको देखूं और तुझी को पूजूं
अपने किरदार की ऐ ख़ुदा ! ऐसी खुदाई दे।

एक लम्हा उनके आंचल में, सर रखने की खातिर,
फिर चाहे तू मुझे, सदियों की जुदाई दे।
तुझको सोचूं, तुझको देखूं और तुझी को पूजूं,
अपने किरदार की ऐ ख़ुदा ! ऐसी खुदाई दे।

रोज़ धड़के मेरे सीने में, पर उनके वास्ते,
मेरी सांसों में या रब ! उनके धड़कनों की रानाई दे।
तुझको सोचूं, तुझको देखूं और तुझी को पूजूं,
अपने किरदार की ऐ ख़ुदा ! ऐसी खुदाई दे।

***

दीदार !

क्या बताएं, हम तुम्हें, कितना तेरा इंतज़ार किया है ?
सांसें जबसे चलने लगी, तुमसे ही प्यार किया है।
तुम्हें देखने के लिए, तुम्हें देखने की ज़रूरत नहीं,
कि बन्द आंखों से भी हमने, अक्सर तेरा दीदार किया है।

खुशी की खातिर उनकी, उठाए हज़ार ग़म हमने,
ज़माने ने मुझे ही फिर भी, उनका गुनहगार किया है।
तुम्हें देखने के लिए, तुम्हें देखने की ज़रूरत नहीं,
कि बन्द आंखों से भी हमने, अक्सर तेरा दीदार किया है।

नज़रें जब भी मिलती है उनसे, हमने यही देखा है,
कि चंद यादों ने इन आंखों को, अश्कों से ज़ार-ज़ार किया है।
तुम्हें देखने के लिए, तुम्हें देखने की ज़रूरत नहीं,
कि बन्द आंखों से भी हमने, अक्सर तेरा दीदार किया है।

हर बार बचके निकले, उनकी गली से लेकिन,
हर बार उनकी आंखों ने, मेरा ही शिकार किया है।
तुम्हें देखने के लिए, तुम्हें देखने की ज़रूरत नहीं,
कि बन्द आंखों से भी हमने, अक्सर तेरा दीदार किया है।

दिल जो तुम्हें चाहने लगा, तो चाहता ही गया,
कि दिल में पहली बार, एक काम शानदार किया है।
तुम्हें देखने के लिए, तुम्हें देखने की ज़रूरत नहीं,
कि बन्द आंखों से भी हमने, अक्सर तेरा दीदार किया है।

***

आयत !

तेरी यादों में जीने की, अब आदत हो गई,
तो क्या कि बदनाम हमारी, चाहत हो गई।
यूं किया करता हूं, ज़िक्र तेरा हरदम,
कि जैसे मेरे कुरान की तुम, कोई आयत हो गई।

एक पल पहले ही देखा था ख्वाबों में,
फिर भी लगता है कि मिलके, एक मुद्दत हो गई।
यूं किया करता हूं, ज़िक्र तेरा हरदम,
कि जैसे मेरे कुरान की तुम कोई आयत हो गई।

ग़म जुदाई का हमने, हंस हंसके सह डाला,
कि ग़म छुपाकर मुस्कुराना, मेरी फितरत हो गई।
यूं किया करता हूं, ज़िक्र तेरा हरदम,
कि जैसे मेरे कुरान की तुम कोई आयत हो गई।

अरमां है कि तेरे आंचल तले, ये दम निकले,
कि तेरा दामन मेरे वास्ते, अब जन्नत हो गई।
यूं किया करता हूं, ज़िक्र तेरा हरदम,
कि जैसे मेरे कुरान की तुम, कोई आयत हो गई।
कोई आयत हो गई।

***

सपन सलोने!

क्या मज़ा है ज़िन्दगी के, सपन सलोने में,
फसल ग़मों के काटने और खुशियां बोने में।
मत करना ज़िक्र, अपने दर्द का किसी से,
कि हुनर सबको हासिल है, नश्तर चुभोने में।

दुनिया ने चाहत को, इतने में ही समेटे रखा,
थोड़ा सा पाने में, और थोड़ा सा खोने में।
मत करना ज़िक्र, अपने दर्द का किसी से,
कि हुनर सबको हासिल है, नश्तर चुभोने में।

वो कहते रहे कि न करना याद, नम आंखों से मुझे,
और हम मशगूल थे उनकी यादों में, दामन भिगोने में।
मत करना ज़िक्र, अपने ग़म का किसी से,
कि हुनर सबको हासिल है, नश्तर चुभोने में।

कैसे निकलें तूफां से, एक अकेली जान हूं,
और भीड़ मशगूल है लोगों की, मुझे डुबोने में।
मत करना ज़िक्र, अपने ग़म का किसी से,
कि हुनर सबको हासिल है, नश्तर चुभोने में।

दर्द को आपके जानने को, लफ़्ज़ों की नहीं ज़रूरत,
कि हमने पढ़ लिया है आपको आपके रोने में।
मत करना ज़िक्र, अपने ग़म का किसी से,
कि हुनर सबको हासिल है, नश्तर चुभोने में।

***

तलाश करोगे !

माना! कि आज मैं आम हूं, कभी तो खास करोगे,
मुझको पाने की एक दिन तुम भी आस करोगे।
खो जाऊंगा एक दिन, जो भीड़ के समन्दर में,
चाहतों की तुम कश्ती लेकर, मुझे ही तलाश करोगे।

दूरियां हममें आज, सदियों की है लेकिन,
हर पल मुझे तुम भी अपने आस-पास करोगे।
खो जाऊंगा एक दिन, जो भीड़ के समन्दर में,
चाहतों की तुम कश्ती लेकर, मुझे ही तलाश करोगे।

नम है मेरी आंखें आज, तो हो जाने दो,
एक दिन तुम भी मुझे याद कर, खुद को उदास करोगे।
खो जाऊंगा एक दिन, जो भीड़ के समन्दर में,
चाहतों की तुम कश्ती लेकर, मुझे ही तलाश करोगे।

उठाते रहे दर्दों पे दर्द, कि तुम्हें एहसास हो,
पर, मेरे जाने पे देखना, तुम भी ये एहसास करोगे।
खो जाऊंगा एक दिन, जो भीड़ के समन्दर में,
चाहतों की तुम कश्ती लेकर, मुझे ही तलाश करोगे।

जान जाओगी जब, हद मेरे चाहत की,
मेरे कफ़न को भी ओड़कर, तुम अपना लिबास करोगे।
खो जाऊंगा एक दिन, जो भीड़ के समन्दर में,
चाहतों की तुम कश्ती लेकर, मुझे ही तलाश करोगे।

***

राख़ के ढेर में !

राख़ के ढेर में, एक शोला सी दबी देखी,
मुकम्मल थी ज़िन्दगी उनकी, फिर भी कुछ कमी देखी।
बड़े अदब से निकले वो, महफ़िल से मुस्कुराकर,
आंखों में उनकी मगर, हमने ग़ज़ब की नमी देखी।

माना ! कि वो "चांद", हमसे दूर है लेकिन,
हर पल अपने करीब, हमने उसकी रोशनी देखी।
राख़ के ढेर में, एक शोला सी दबी देखी,
मुकम्मल थी ज़िन्दगी उनकी, फिर भी कुछ कमी देखी।

मिटते गये, वो मिटते गये, एक "उफ" किये बग़ैर,
कि आज तक न ज़माने में, हमने ऐसी सादगी देखी।
राख के ढेर में, एक शोला सी दबी देखी,
मुकम्मल थी ज़िन्दगी उनकी, फिर भी कुछ कमी देखी।

दुनिया अपने दर्द की, देता रहा हरदम दुहाई,
और ग़मों को अपने छुपाती हुई, उनकी हर हंसी देखी।
राख़ के ढेर में, एक शोला सी दबी देखी,
मुकम्मल थी ज़िन्दगी उनकी, फिर भी कुछ कमी देखी।

ये वादा रहा कि बिठाकर रखूँगा पलकों तले,
पूछा करोगी तुम, हमने पहले कब ज़मीं देखी।
राख़ के ढेर में, एक शोला सी दबी देखी,
मुकम्मल थी ज़िन्दगी उनकी, फिर भी कुछ कमी देखी।

***

धीरे से !

ख़्वाबों में जब कभी, उसने मुझे पाया होगा,
धीरे से मुझे सोचकर, वो भी मुस्कुराया होगा।
महफ़िल में उसके जब भी, मेरा नाम आया होगा।
बड़ी नज़ाकत से चेहरे से, जुल्फों को हटाया होगा।

करके याद मुझे वो भी, रोई तो होगी बहुत,
कि जब भी मेरी तस्वीर को, सीने से लगाया होगा।
ख्वाबों में जब कभी, उसने मुझे पाया होगा,
धीरे से मुझे सोचकर, वो भी मुस्कुराया होगा।

आईने में मेरे अक्सर, वो ही नज़र आते हैं,
उसके भी शीशे में उसको, मैं ही नज़र आया होगा।
ख्वाबों में जब कभी उसने मुझे पाया होगा,
धीरे से मुझे सोचकर, वो भी मुस्कुराया होगा।

राज़ उनके मुस्कुराने का, हमने भी जाना है,
कि मुस्कुराहट के पीछे उसने, हर ग़म छुपाया होगा।
ख्वाबों में जब कभी, उसने मुझे पाया होगा,
धीरे से मुझे सोचकर, वो भी मुस्कुराया होगा।

चुभोये होंगे जब, दर्द के शूल दुनिया ने,
मेरा नाम ले लेकर, मुझको बुलाया होगा।
ख्वाबों में जब कभी, उसने मुझे पाया होगा।
धीरे से मुझे सोचकर, वो भी मुस्कुराया होगा।

***

शमा !

शमा हमारी चाहत का, हरदम जलाए रखना,
गहरा है तूफान बहुत, हौसलों को बनाए रखना।
ये अधूरी सी ज़िन्दगी, होगी एक रोज़ मुकम्मल,
एक दिन और एक तारीख, दुनिया को बताए रखना।

मुश्किलों भरे हैं, ये रास्ते जीवन के लेकिन,
एक "दिया" उम्मीदों का, तुम भी बचाए रखना।
ये अधूरी सी ज़िन्दगी, होगी एक रोज़ मुकम्मल,
एक दिन और एक तारीख, दुनिया को बताए रखना।

समझ न लें ये दुनिया, कहीं अपना दुश्मन मुझे,
कि एक तस्वीर को मेरी, तेरे घर में सजाए रखना।
ये अधूरी सी ज़िन्दगी, होगी एक रोज़ मुकम्मल,
एक दिन और एक तारीख, दुनिया को बताए रखना।

दिल की बातें यूं अक्सर, सबको बताई नहीं जाती,
कि कुछ बातों को बेहतर है, दिल में दबाए रखना।
ये अधूरी सी ज़िन्दगी, होगी एक रोज़ मुकम्मल,
एक दिन और एक तारीख, दुनिया को बताए रखना।

इस खुदगर्ज़ दुनिया में, कौन किसका हुआ है ?
कि सीख लिया है हमने, हौसलों को बनाए रखना।
ये अधूरी सी ज़िन्दगी, होगी एक रोज़ मुकम्मल,
एक दिन और एक तारीख, दुनिया को बताए रखना।

कब कर ले कबूल वो खुदा, जाने कौन सी दुआ,
कि उनके सामने हमेशा, दुआ को हाथ उठाए रखना।
ये अधूरी सी ज़िन्दगी, होगी एक रोज़ मुकम्मल,
एक दिन और एक तारीख, दुनिया को बताए रखना।

एक कसम दो, कि जब चला जाऊँ जहाँ से मैं,
एक अश्क़ न बहे और मैय्यत उठाए रखना।
ये अधूरी सी ज़िन्दगी, होगी एक रोज़ मुकम्मल,
एक दिन और एक तारीख, दुनिया को बताए रखना।

एक दिन और एक तारीख, दुनिया को बताए रखना।
***

परवरदिगार !

तू आए, न आए, तुम्हें इख़्तियार है,
मेरी इबादतों का मगर, तू ही परवरदिगार है।
किस्मत की बातें, न ही किया करो तो बेहतर,
कि किस्मत के हाथों यहां हर कोई लाचार है।

कश्ती को मेरी डुबोकर, बड़े तहज़ीब से वो,
कहते हैं देखेंगे कि कैसे, करता तू दरिया पार है।
तू आए, न आए, तुम्हें इख़्तियार है,
मेरी इबादतों का मगर, तू ही परवरदिगार है।

ये बादल बरसे,तो बरसे, ये उसकी अदा,
आंखों से बहता हुआ, अश्कों की बौछार है।
तू आए, न आए, तुम्हें इख़्तियार है,
मेरी इबादतों का मगर, तू ही परवरदिगार है।

देखकर खुशी तेरी, चल दिये थे महफ़िल से,
कैसे कह देते कि तुमसे, बेइंतहा प्यार है।
तू आए, न आए, तुम्हें इख़्तियार है,
मेरी इबादतों का मगर, तू ही परवरदिगार है ।

कहा गया हमें, कि इंतज़ार किया जाए,
और सदियों से खड़े हैं, कि तेरा इंतज़ार है।
तू आए, न आए, तुम्हें इख़्तियार है,
मेरी इबादतों का मगर, तू ही परवरदिगार है ।

***

आईना दिखाने वाले !

हसरतों के फूल, इस दिल में खिलाने वाले,
आंखों से उतरके दिल में समाने वाले।
काश.! कि एक बार मेरे सामने आ जाए,
मेरी चाहतों को आईना दिखाने वाले।

हर मुस्कुराहट को तेरी, समझते हैं, सलीके से,
कि मुस्कुराहटों में अपनी, हर ग़म छुपाने वाले।
काश! कि एक बार मेरे सामने आ जाए,
मेरी चाहतों को, आईना दिखाने वाले।

कशमकश में थे हम, महल देखकर,
ऐ, इक उस चारदीवारी को, पिंजरा बताने वाले।
काश! कि एक बार मेरे सामने आ जाए,
मेरी चाहतों को आईना दिखाने वाले।

तूफानों का चलन, आम है ज़माने में,
यूं उड़ जाने को, पंख फैलाने वाले।
काश! कि एक बार मेरे सामने आ जाए,
मेरी चाहतों को आईना दिखाने वाले।

एक समन्दर हमने भी, बनाया है शहर में,
ऐ मेरी बिरहा में, अश्क बहाने वाले।
काश! कि एक बार मेरे सामने आ जाए,
मेरी चाहतों को, आईना दिखाने वाले।

***

कल में और आज में।

मेरी सांसों की धुन, धड़कनों के अंदाज़ में,
ज़िन्दगी की उस छोर से, इस छोर के आग़ाज़ में।
जीने की हसरत मेरी, सिर्फ और सिर्फ तुमसे,
कि तुम ही मेरे कल में थे, तुम ही मेरे आज में।

भुला दें कैसे भला, उस नज़र को हम,
जिनको बिठा रखा है, हमने सर के ताज में।
जीने की हसरत मेरी, सिर्फ और सिर्फ तुमसे,
कि तुम ही मेरे कल में थे, तुम ही मेरे आज में।

घुटन अपने अन्दर की, निकल ही गई आखिर,
कि वो करते गए बयां सब टूटे हुए अल्फ़ाज़ में।
जीने की हसरत मेरी, सिर्फ और सिर्फ तुमसे,
कि तुम ही मेरे कल में थे, तुम ही मेरे आज में।

सदियों की तन्हाई भी, हमको ज़िंदा कर गई,
कि एक अजीब सी शोर थी, उन खामोशियों की आवाज़ में।
जीने की हसरत मेरी, सिर्फ और सिर्फ तुमसे,
कि तुम ही मेरे कल में थे, तुम ही मेरे आज में।

कशमकश को उनकी, जानकर हम चल दिए,
कि कुछ तो बंदिशें रही होगी, उनके ऐतराज़ में।
जीने की हसरत मेरी, सिर्फ और सिर्फ तुमसे,
कि तुम ही मेरे कल में थे, तुम ही मेरे आज में।

***

धागे !

ख़्वाब तो सारे, मीठे ही देखे थे मगर,
जाने ये आंसू कैसे देखो खारे हो गए।
ये कौन से धागे ने, बांधा है जाने हमें ?
कि दूर रहकर भी जन्मों के लिए, हम तुम्हारे हो गए।

एक बार जो छू लिया, तेरी चाहत ने मुझे,
गर्दिश में भी देखो, रोशन सितारे हो गए।
ये कौन से धागे ने, बांधा है जाने हमें ?
कि दूर रहकर भी जन्मों के लिए, हम तुम्हारे हो गए

तेरी दुआओं का असर हुआ है हमपे कुछ यूं
कि चलके समन्दर खुद ही, मेरे वास्ते किनारे हो गए।
ये कौन से धागे ने, बांधा है जाने हमें ?
कि दूर रहकर भी जन्मों के लिए, हम तुम्हारे हो गए

एक ज़ख्म जो दिया, वक्त ने एक बार हमें,
मरहम मेरे वास्ते आज वही ज़ख्म सारे हो गए।
ये कौन से धागे ने, बांधा है जाने हमें ?
कि दूर रहकर भी जन्मों के लिए, हम तुम्हारे हो गए

था यकीं! उस खुदा की ज़ात पर हमें,
और रहमत का उसकी, हमपे इशारे हो गए।
ये कौन से धागे ने, बांधा है जाने हमें ?
कि दूर रहकर भी जन्मों के लिए, हम तुम्हारे हो गए

***

देखते-देखते।

देखते-देखते ही तेरी आंखों को, शाम हो जाती है,
और यूं ही ज़िन्दगी मेरी, तमाम हो जाती है।
एक बार तुझे सोचता हूं, बस फिर क्या ?
मेरी सारी धड़कनें, तेरे ही नाम हो जाती है।

खिल जाता हूं, जो देखकर तेरे चेहरे को,
मेरी सादगी की फिर, मौसम पे इल्ज़ाम हो जाती है।
देखते-देखते ही तेरी आंखों को शाम हो जाती है,
और यूं ही ज़िन्दगी मेरी, तमाम हो जाती है।

सोचते ही तुझे, तेज़ सी हो जाती है,
इन मासूम धड़कनों को कितने काम हो जाती है।
देखते-देखते ही तेरी आंखों को शाम हो जाती है,
और यूं ही ज़िन्दगी मेरी, तमाम हो जाती है।

खता सदियों पहले की सज़ा आज भी जारी है,
कि बंदिशों में ज़माने की, ये रिश्ता बेनाम हो जाती है।
देखते-देखते ही तेरी आंखों को, शाम हो जाती है,
और यूं ही ज़िन्दगी मेरी, तमाम हो जाती है।

तेरे कंधे पे सर रख दूं, इसी हसरत में,
हर तमन्ना तेरे दर पे आके, नाकाम हो जाती है।
देखते-देखते ही तेरी आंखों को, शाम हो जाती है,
और यूं ही ज़िन्दगी मेरी, तमाम हो जाती है।

***

कहानी हमारी !

कहानी हमारी, सारे ज़माने को याद हो जाए,
कि मुकम्मल ये ज़िन्दगी, उसके बाद हो जाए।
मांगा करें हर कोई, दुआ हमारे वास्ते,
और हमारे वास्ते सबकी, लबों पे फरियाद हो जाए।

रंग नए-नए दिखाती रही, ये ज़िन्दगी बार-बार,
कि, काश ! कि हमारी भी, ये ज़िन्दगी आबाद हो जाए।
कहानी हमारी, सारे ज़माने को याद हो जाए,
कि मुकम्मल ये ज़िन्दगी, उसके बाद हो जाए।

फलसफा ज़िन्दगी का, सीखा करें हम यूं ही,
कि मैं तेरा शागिर्द, और तू मेरा उस्ताद हो जाए।
कहानी हमारी, सारे ज़माने को याद हो जाए,
कि 'मुकम्मल ये ज़िन्दगी, उसके बाद हो जाए।

ठोकरें कभी हमें, हिला न पाए ज़माने की,
कि कुछ यूं मज़बूत, हमारे घर की बुनियाद हो जाए।
कहानी हमारी, सारे ज़माने को याद हो जाए,
कि मुकम्मल ये ज़िन्दगी, उसके बाद हो जाए।

एक ही हसरत थी, कि इन सांसों के बदले,
मौत आ जाए और ज़िन्दगी, ज़िंदाबाद हो जाए।
कहानी हमारी, सारे ज़माने को याद हो जाए,
कि मुकम्मल ये ज़िन्दगी, उसके बाद हो जाए।

***

कभी सोचा है ?

कैसे बिताई अमावस की वो काली रातें, कभी सोचा है ?
किया करते थे खुद से, तुम्हारी बातें, कभी सोचा है ?
होंठों पे हंसी की, बस एक नुमाइश लेकर,
क्यों बरसा करती थी अक्सर आंखें, कभी सोचा है?

एक मुलाकात से ही मेरी किस्मत का फैसला न कर,
ख्वाबों में की है तुमसे कितनी मुलाकातें, कभी सोचा है?
होंठों पे हंसी की, बस एक नुमाइश लेकर,
क्यों बरसा करती थी अक्सर आंखें, कभी सोचा है?

एक तेरे हालात को देख, संभाला अपने हाल को,
कि कैसे चुभती थी वो हालातें, कभी सोचा है?
होंठों पे हंसी की, बस एक नुमाइश लेकर,
क्यों बरसा करती थी अक्सर आंखें, कभी सोचा है?

अश्कों की कितनी बूंदें, ढोए एक बादल भला ?
कि बिन बादल बरसी है कितनी बरसातें, कभी सोचा है?
होंठों पे हंसी की, बस एक नुमाइश लेकर,
क्यों बरसा करती थी अक्सर आंखें, कभी सोचा है?

एक कर्ज़ दिल का, रह जाता है हर बार,
क्यों ? कर्ज़ औरों का चुकाते-चुकाते, कभी सोचा है?
होंठों पे हंसी की, बस एक नुमाइश लेकर,
क्यों बरसा करती थी अक्सर आंखें, कभी सोचा है?

***

कैसे कह दें ?

कैसे कह दें, कि तुमको कहां बिठाया था ?
कि पूजा था तुमको, भगवान बनाया था। कैसे कह दें?
कैसे कह दें, कि तेरी यादें, तेरी यादें और सिर्फ तेरी ही यादें,
मेरी ज़िन्दगी का बस, यही सरमाया था।
कैसे कह दें ?

कैसे कह दें, मुझे ढूंढती वो ख़ामोश नज़रों से मगर,
लब उनके भी कुछ कहने को, एक बार तो डगमगाया था।
कैसे कह दें ?

कैसे कह दें, उनके नाम को कलमें सा बनाकर मैं,
चारों पहर उन्हें, सीने से लगाया था।
कैसे कह दें ?

कैसे कह दें, कि बेवफाई का इल्ज़ाम, आज उसी ने दे दिया,
कि मरकर भी मैं जिनको, पल भर न भूल पाया था।
कैसे कह दें?

वो हर रोज़ ,मेरा, तिल-तिल कर मर जाना,
कि एक बार तो एक खंजर मैंने खुद के लिए उठाया था।
कैसे कह दें?

न जीने की जिद थी, और न मरने का गम,
कि जाने उस दौर से मैं कैसे निकल आया था।
कैसे कह दें?
कैसे कह दें?

***

कहकशां !

ज़मीं बंजर सी होगी, आसमां ढूंढोगे,
कर दी दरमियां जो ज़माने ने, वो दूरियां ढूंढोगे।
चले जाएंगे खामोश से, जब हम जहां से,
रह रहकर तुम मेरे कदमों के निशां ढूंढोगे।

साथ अपने हरदम, पाओगे मुझे साये की तरह,
पर मेरा ठिकाना है कहां? वो आशियां ढूंढोगे।
चले जाएंगे खामोश से, जब हम जहां से,
रह रहकर तुम मेरे कदमों के निशां ढूंढोगे।

ढूंढ न पाओगे कभी, इस रिश्ते की डोर मगर,
बांधा है जो धागा हमें, वो दरमियां ढूंढोगे।
चले जाएंगे खामोश से, जब हम जहां से,
रह रहकर तुम मेरे कदमों के निशां ढूंढोगे।

लिखी है जिसने नसीब में, ये सदियों की जुदाई,
किताबों में उल्फत की वो, कहानियां ढूंढोगे।
चले जाएंगे खामोश से, जब हम जहां से,
रह रहकर तुम मेरे कदमों के निशां ढूंढोगे।

ओझल हो जाऊंगा, तेरी नज़रों से कभी,
अपने ही अन्दर मेरी यादों के तुम, गुलिस्तां ढूंढोगे।
चले जाएंगे खामोश से, जब हम जहां से,
रह रहकर तुम मेरे कदमों के निशां ढूंढोगे।

***

दुनिया तेरे बिना !

महज़ छोटा सा हूं क़तरा, तेरे बिना,
सूना है जीवन का दरिया, तेरे बिना।
ऐ ! मेरी दुनिया को, दुनिया बनाने वाले,
वीरान है मेरी दुनिया, तेरे बिना

सामने तेरे, मुस्कुरा दिया करता हूं मगर,
हूं ग़मों से राबता, तेरे बिना।
ऐ ! मैं दुनिया को दुनिया बनाने वाले,
वीरान है मेरी दुनिया, तेरे बिना

दस्तक मेरी पलकों पे, हुई जो तेरे ख्वाब की,
फिर कोई ख़्वाब, न मैंने देखा, तेरे बिना।
ऐ ! मेरी दुनिया को दुनिया बनाने वाले,
वीरान है मेरी दुनिया, तेरे बिना

सराबोर है **"चांद"** – **"तारों"** से, ये कायनात मगर,
सूना है फिर भी मेरा, आसमां, तेरे बिना।
ऐ ! मेरी दुनिया को दुनिया बनाने वाले,
वीरान है मेरी दुनिया, तेरे बिना।

ज़िंदा रहने की बातें, तो की जाएगी बाद में,
कि अब तो धड़कनें भी अक्सर, रोक देती है।
धड़कना, तेरे बिना।

ऐ ! मेरी दुनिया को दुनिया बनाने वाले,
वीरान है मेरी दुनिया, तेरे बिना।
ऐ ! मेरी दुनिया को दुनिया बनाने वाले,
वीरान है मेरी दुनिया, तेरे बिना।

***

तुम्हीं को देखा करें!

ये दुआ है कि दुआ के लिए, जब भी हाथ उठा करे,
जी चाहे, न चाहे, पर मेरे वास्ते दुआ करे।
यूं बिठा रखा है हमने, तेरी तस्वीर को सिरहाने,
कि, जब भी आंखें खुले, बस तुम्हीं को देखा करें।

बाद मुद्दत के सही, मिल जाए हम किसी भी सूरत,
फिर चाहे कितना भी फासला, बीच में दुनिया करे।
यूं बिठा रखा है हमने, तेरी तस्वीर को सिरहाने,
कि जब भी आंखें खुले, बस तुम्हीं को देखा करें।

न मिट पाएं मरकर भी, ये दास्तां हमारी,
चाहत को हमारी, हम बुलन्द कुछ इतना करे।
यूं बिठा रखा है हमने, तेरी तस्वीर को सिरहाने,
कि जब भी आंखें खुले, बस तुम्हीं को देखा करें।

धड़कते हो मेरे सीने में, हर रोज़ ही तुम,
है हसरत की हम भी एक रोज़, तेरे सीने में धड़का करे।
यूं बिठा रखा है हमने, तेरी तस्वीर को सिरहाने,
कि जब भी आंखें खुले, बस तुम्हीं को देखा करें।

खुदा तो तुमको कब से, बना रखा है हमने,
अब है आरज़ू कि, तेरे दर पे सजदा करे।
यूं बिठा रखा है हमने, तेरी तस्वीर को सिरहाने,
कि जब भी आंखें खुले, बस तुम्हीं को देखा करें।

***

रहनुमा हूं तेरा !

बड़ी आसान सफ़र है, तू राहें मुश्किल न कर,
चलना बहुत है अभी, कि अभी से मंजिल न कर।
पहचान सको तो पहचान, रहनुमा हूं तेरा,
कि यूं लोगों की भीड़ में, मुझे अपना कातिल न कर।

किया करती है नफरत मुझसे, सारी दुनिया ऐ दोस्त,
तुम, यूं दिखाकर प्यार मुझे प्यार के काबिल न कर।
पहचान सको तो पहचान, रहनुमा हूं तेरा,
कि यूं लोगों की भीड़ में, मुझे अपना कातिल न कर।

मैं बेवफा सही, बेवफा मुझको रहने दे,
कि माना मैं बदनाम हूं, पर तू ख़ुद को बुज़दिल न कर।
पहचान सको तो पहचान, रहनुमा हूं तेरा,
कि यूं लोगों की भीड़ में, मुझे अपना कातिल न कर

तूफानों से ही आजकल, लगने लगा है दिल मेरा,
कि तू लफ्जों के प्यार से मेरे समंदर में साहिल न कर।
पहचान सको तो पहचान, रहनुमा हूं तेरा,
कि यूं लोगों की भीड़ में, मुझे अपना कातिल न कर।

एक रोज जो चले जाना है, छोड़कर सबकुछ।
कह दिया उसने कि मुझे, बेवजह हासिल न कर।
पहचान सको तो पहचान, रहनुमा हूं तेरा,
कि यूं लोगों की भीड़ में, मुझे अपना कातिल न कर।

***

कौन ?

मेरी सारी खतमों में, और मेरी आग़ाज़ों में,
मेरे करीब ही कहीं, और दूर दराजों में।
रहता है कौन ? मेरे रूह के अन्दर पूछो ?
और किसने उलझा रखा है मुझे, रस्मो-रिवाजों में ?

पुकारता है ये मन, किसको बार-बार ?
और किसका नाम गूंजता है, मेरी आवाज़ों में ?
रहता है कौन ? मेरे रूह के अंदर पूछो ?
और किसने उलझा रखा है मुझे, रस्मों रिवाज़ों में?

ज़िक्र किसका करता हूं कलमें की तरह बार-बार ?
और किसका नाम आता है अक्सर मेरे नमाज़ों में ?
रहता है कौन ? मेरे रूह के अंदर पूछो ?
और किसने उलझा रखा है मुझे, रस्मों-रिवाजो़ में ?

बेचैन मुझे करती है, किसकी यादें अक्सर ?
और कौन खटखटाता है, ख्वाबों के दरवाज़ों में ?
रहता है कौन ? मेरे रूह के अंदर पूछो ?
और किसने उलझा रखा है मुझे, रस्मों-रिवाजो में ?

सिखाया है किसने, उड़ने का सलीका मुझे ?
और उम्मीद किसने भरी है, इन टूटे हुए परवाज़ों में ?
रहता है कौन ? मेरे रूह के अंदर पूछो ?
और किसने उलझा रखा है मुझे, रस्मों-रिवाजो में ?

***

एक सदी !

इंतज़ार में उनके यूं ही, एक सदी गुज़र गई,
मेरे पास से हंसते-हंसते, हर खुशी गुज़र गई।
एक बार उनको ख़्वाबों में, हमने जो बिठाया,
आंख खुली तो हुआ एहसास, कि ज़िन्दगी गुज़र गई।

हमने जो सीखा हुनर, ग़मों में भी मुस्कुराने का,
बड़ी बेबस होकर मेरी गली से, बेबसी गुज़र गई ।
एक बार उनको ख्वाबों में, हमने जो बिठाया,
आंख खुली तो हुआ एहसास, कि ज़िन्दगी गुज़र गई।

लगाकर उनको गले, जीना था एक जनम,
पलके झपकते ही मगर, वो घड़ी गुज़र गई।
एक बार उनको ख़्वाबो में, हमने जो बिठाया,
आंख खुली तो हुआ एहसास, कि ज़िन्दगी गुज़र गई।

पूछो, कि कैसे जिया, तेरे बिन इतने दिन ?
बस, गुज़रते-गुज़रते ही, इन सांसों की लड़ी गुज़र गई।
एक बार उनको ख्वाबों में, हमने जो बिठाया,
आंख खुली तो हुआ एहसास, कि ज़िन्दगी गुज़र गई।

उम्मीद जो टूटी बन्दों की, एक बार उसके दर से,
धीरे-धीरे दर से उसके, सबकी बन्दगी गुज़र गई।
एक बार उनको ख्वाबों में, हमने जो बिठाया,
आंख खुली तो हुआ एहसास, कि ज़िन्दगी गुज़र गई।

बड़ी शिद्धत से समेटकर, पलकों पे जिसे रखा,
हक़ीक़त के तूफां से टकराकर, ख्वाबों की वो
नगरी गुज़र गई।
एक बार उनको ख्वाबों में, हमने जो बिठाया,
आंख खुली तो हुआ एहसास, कि ज़िन्दगी गुज़र गई।

रुकने पे इन साँसों का, उनका आना जो हुआ,
कहने लगी धड़कनें कि, बड़ी जल्दी गुज़र गई।
एक बार उनको ख्वाबों में, हमने जो बिठाया,
आंख खुली तो हुआ एहसास, कि ज़िन्दगी गुज़र गई।
ज़िन्दगी गुज़र गई।

***

सिला !

मुझे अपनी यादों का, एक सिला देकर,
वो चल दिये बड़े अदब से, दुआ देकर।
वही बने मेरे मर्ज की दवा हर बार,
गए जो मुझको ज़ख्म, हर मर्तबा देकर।

यादों की संदूकों में, कागज़ जो कोरे मिले,
बड़े इतरा गए वो लिखने को, एक किस्सा देकर
मुझे अपनी यादों का, एक सिला देकर,
वो चल दिये बड़े अदब से, दुआ देकर।

खुश रहने की हज़ारों, दुआएं तो दी मगर,
छोड़ गए वो आंखों में आंसुओं का दरिया देकर।
मुझे अपनी यादों का, एक सिला देकर,
वो चल दिये बड़े अदब से, दुआ देकर।

आएंगे तेरी बाहों में, सो जाने को एक दिन,
वो ज़िंदा मुझे रखती है, यही सपना देकर।
मुझे अपनी यादों का, एक सिला देकर,
वो चल दिये बड़े अदब से, दुआ देकर।

पहले डुबा देते हैं, ग़म के सागर में मुझे,
और फिर बचा लेते हैं, ग़म की दवा देकर।
मुझे अपनी यादों का, एक सिला देकर,
वो चल दिये बड़े अदब से, दुआ देकर।

फैली हो फिजाओं में, जो चारो तरफ,
एक शमा तुम भी जलाओ, उल्फत की हवा देकर।
मुझे अपनी यादों का, एक सिला देकर,
वो चल दिये बड़े अदब से, दुआ देकर।

हर बार मेरी क़दमों को, रोका है दुनिया ने,
किसी न किसी रिश्ते का, हवाला देकर।
मुझे अपनी यादों का, एक सिला देकर,
वो चल दिये बड़े अदब से, दुआ देकर।

***

नादां !

नादां हो **"अब्दुल"**, ये क्या बना रहे हो ?
कि पत्थरों के शहर में, आशियां बना रहे हो।
वो, जिनके सीने में दिल, है ही नहीं,
पूज-पूजकर उसे ही तुम, खुदा बना रहे हो।

बातें प्यार वफा की, अच्छी लगती है किताबों में,
ख्वामखाह तुम बेवफाई का किस्सा बना रहे हो।
नादां हो **"अब्दुल"**, ये क्या बना रहे हो ?
कि पत्थरों के शहर में, आशियां बना रहे हो।

एक लहर से ही इसमें दरारें पड़ जाएगी,
ये जो रेत को समेटे तुम, मकां बना रहे हो।
नादां हो **"अब्दुल"**, ये क्या बना रहे हो?
कि पत्थरों के शहर में, आशियां बना रहे हो।

तेरे हिस्से की मिट्टी, बता पहले कि कहां है?
फिर कहना कि मेरे वास्ते, आसमां बना रहे हो।
नादां हो **"अब्दुल"** ये क्या बना रहे हो?
पत्थरों के शहर में, आशियां बना रहे हो।

बिखर जाना लिखा है, जिसके नसीब में टूटकर,
क्यों उम्मीदों की फिर बार-बार, माला बना रहे हो?
नादां हो **"अब्दुल"**, ये क्या बना रहे हो?
कि पत्थरों के शहर में, आशियां बना रहे हो।

अब भी वक़्त है, बाज़ आ जाओ तो अच्छा,
क्यों अपने ही दर्द का, सिलसिला बना रहे हो।
नादां हो "**अब्दुल**", ये क्या बना रहे हो?
कि पत्थरों के शहर में, आशियां बना रहे हो।

हर हर्फ़ मेरे नज्म की, तुझे ही ढूँढ़ती है,
और तुम हो कि चुप जाने का, बहाना बना रहे हो।
नादां हो "**अब्दुल**", ये क्या बना रहे हो?
कि पत्थरों के शहर में, आशियां बना रहे हो।

इश्क़ एक जहर है, मार देगा धीरे-धीरे,
गज़ब है कि तुम, जहर से भी दवा बना रहे हो।
नादां हो "**अब्दुल**", ये क्या बना रहे हो?
कि पत्थरों के शहर में, आशियां बना रहे हो।

***

फना !

तेरे दर पे यूं सजदा करते-करते,
बेवफा करार हुए, वफ़ा करते-करते।
एक सिर्फ तेरी, चाहत की आरज़ू में,
जी उठे हम, खुद को फना करते-करते।

न मिटा कभी दिल से, जाने ये **"कशिश"** क्यों ?
हार गई ये दुनिया हमको, जुदा करते-करते।
एक सिर्फ तेरी, चाहत की आरज़ू में,
जी उठे हम, खुद को फना करते-करते।

रोये वो भी एक बार, ज़ार-ज़ार मगर,
ज़माने में मुझको, रुसवा करते-करते।
एक सिर्फ तेरी, चाहत की आरज़ू में,
जी उठे हम, खुद को फना करते-करते।

ये आलम है कि अब, ज़हर भी पी जाएं,
कि थक गए हैं, इस मर्ज की दवा करते-करते।
एक सिर्फ तेरी, चाहत की आरज़ू में,
जी उठे हम, खुद को फना करते-करते।

आंखें नम कुछ, उनके भी हो गए,
दास्तां उलफत की मेरी बयां करते-करते।
एक सिर्फ तेरी चाहत की आरज़ू में,
जी उठे हम, खुद को फना करते-करते।

सो गए वो भी, यूं ही मेरी आग़ोश में,
कब्र पे मेरी, हवा करते-करते।
एक सिर्फ तेरी चाहत की आरज़ू में,
जी उठे हम, खुद को फना करते-करते ।

आखिर,डाल ही दी खुदा ने, झोली में तुमको,
कि रोया किए थे बहुत, दुआ करते-करते।
एक सिर्फ तेरी चाहत की आरज़ू में,
जी उठे हम, खुद को फना करते-करते।
जी उठे हम, खुद को फना करते-करते।
***

उम्मीद !

ज़ख्म सीने में हज़ारों, हमने दबा रखी है,
फिर भी उम्मीद तुमसे मिलने की, कबसे बचा रखी
तो क्या ? कि खंजर लेकर, सामने खड़े हैं लोग,
कि हमने तो उनके वास्ते दुआ को हाथ उठा रखी है।

यकीं ही न करे ज़माना, उनकी बेरूखी का कभी,
यूं उनकी सादगी को हमने, मशहूर बना रखी है।
ज़ख्म सीने में हज़ारों, हमने दबा रखी है,
फिर भी एक उम्मीद तुमसे मिलने की, कबसे बचा रखी है।

एक घर अपने नाम का, हमने जो बनाया था,
पूछा पता, तो बोले, रेत का था, हवा में उड़ा रखी है।
ज़ख्म सीने में हज़ारों, हमने दबा रखी है,
फिर भी उम्मीद तुमसे मिलने की, कबसे बचा रखी है।

क्या उनको करें याद, ऐ दुनिया ! तू बता ?
कि बरसों पहले जिसने, हमको ही भुला रखी है।
ज़ख्म सीने में हजारों, हमने दबा रखी है,
फिर भी उम्मीद तुमसे मिलने की कबसे बचा रखी है।

करने को साबित बेग़ुनाई जिनकी, मिट गए सौ बार,
मेरी ही सज़ा के वास्ते उसने, अर्ज़ी लगा रखी है।
ज़ख्म सीने में हजारों, हमने दबा रखी है,
फिर भी उम्मीद तुमसे मिलने की कबसे बचा रखी है।

होती है लबों से वो, बेइंतहा ख़ामोश मगर,
आँखों से लेकिन उसने गज़ब की, शोर मचा राखी है।
ज़ख्म सीने में हजारों, हमने दबा रखी है,
फिर भी उम्मीद तुमसे मिलने की कबसे बचा रखी है।

बाँटते गए ज़माने को, माँगा जो मेरे हिस्से का प्यार,
बोले कि तेरे वास्ते हमने, जी भर के दुआ रखी है।
ज़ख्म सीने में हजारों, हमने दबा रखी है,
फिर भी उम्मीद तुमसे मिलने की कबसे बचा रखी है।

यूँ जीने से अच्छा है, मर जाना आजकल,
कि नाम के वास्ते सीने में, चंद धड़कनों की हवा रखी है।
ज़ख्म सीने में हजारों, हमने दबा रखी है,
फिर भी उम्मीद तुमसे मिलने की कबसे बचा रखी है।

***

बेइंतहा

चाहा है जिनको, बेशर्त और बेइंतहा मैंने,
बना रखा है, उसी को अपना खुदा मैंने।
गुज़रा जो एक बार, तेरी गली से मैं,
भूला है अपने ही घर का पता मैंने।

माना ! कि दुनिया ने दिये है तुम्हें दर्द बहुत,
पर, बना रखी है तेरे वास्ते, एक नई दुनिया मैंने।
चाहा है जिनको, बेशर्त और बेइंतहा मैंने,
बना रखा है, उसी को अपना खुदा मैंने।

देखा जो एक बार तुम्हें, बस रूह में उतर गये,
कि उसके बाद मुड़के, नहीं किसी को देखा मैंने।
चाहा है जिनको, बेशर्त और बेइंतहा मैंने,
बना रखा है, उसी को अपना खुदा मैंने।

लुटाकर खुद को भी, किया है हासिल तुमको,
कि खोकर खुद को पाया है, चाहतों का सिला मैंने।
चाहा है जिनको, बेशर्त और बेइंतहा,
बना रखा है, उसी को अपना खुदा मैंने।

भिगोती गई आंखों को, अश्कों से अपने हर बार,
जितने भी दर्द अपने कागजों पे लिखा मैंने।
चाहा है जिनको, बेशर्त और बेइंतहा मैंने,
बना रखा है, उसी को अपना खुदा मैंने।

टूटे उनकी ही गोद में, साँसों की डोर मेरी,
माँगा है हर बार, बस यही दुआ मैंने।
चाहा है जिनको, बेशर्त और बेइंतहा मैंने,
बना रखा है, उसी को अपना खुदा मैंने।

है ही नहीं फितरत में मेरी, करना बेरुखी किसी से,
कि, की है बेवफाओं से भी, अक्सर वफ़ा मैंने।
चाहा है जिनको, बेशर्त और बेइंतहा मैंने,
बना रखा है, उसी को अपना खुदा मैंने।

***

तमन्ना !

तमन्ना है, कि तेरे हाथों में हाथ करके,
चला जाऊं दुनिया से, किनारे सारी बात करके।
सीने में बिठा लूं, चेहरे को तेरे,
साथ कुछ ऐसे ले जाऊं, ये मुलाकात करके।

जी करता है धो लूं, यूं ही सारे ग़म उनके,
उनपे रोकर आंसुओं की बरसात करके।
तमन्ना है, कि तेरे हाथों में हाथ करके,
चला जाऊं दुनिया से, किनारे सारी बात करके।

हर ग़म वो सहते गए, बस खामोशी से,
बुलन्द हमारे रिश्तों की, जज़्बात करके।
तमन्ना है, कि तेरे हाथों में हाथ करके,
चला जाऊं दुनिया से, किनारे सारी बात करके।

मांगा जो हमसफर अपना, हमने जमाने से,
वो चल दिए हाथों में, सिक्कों की खैरात करके।
तमन्ना है, कि तेरे हाथों में हाथ करके,
चला जाऊं दुनिया से किनारे सारी बात करके।

एक बार जो देखा, बस सजदे में हो गए,
कि गुज़ारे है तेरी बंदगी में ही दिन रात करके
तमन्ना है, कि तेरे हाथों में हाथ करके,
चला जाऊं दुनिया से, किनारे सारी बात करके।

है दुनिया ! थम जाए अगर कहीं साँसे मेरी,
बनाना मेरी कब्र को, उनके घर के साथ करके,
तमन्ना है, कि तेरे हाथों में हाथ करके,
चला जाऊं दुनिया से, किनारे सारी बात करके।

चले गए वो बड़े नजाकत से, मेरे दर से यारा,
मेरे हिस्से में अनगिनत, दर्द की बारात करके।
तमन्ना है, कि तेरे हाथों में हाथ करके,
चला जाऊं दुनिया से, किनारे सारी बात करके।

एक हँसी में उनकी, क्या खूब जलवा किया है,
कि मेरे वास्ते कर रखी है, आसान हर मुश्किलात करके।
तमन्ना है, कि तेरे हाथों में हाथ करके,
चला जाऊं दुनिया से, किनारे सारी बात करके।

***

"आस" और "काश"!

हसरतों के लिबास में लिपटी हुई ज़िन्दगी,
उम्मीदों के बाग़ में, खिलती हुई ज़िन्दगी।
यूं तो मेरी कलम ने, अल्फ़ाज़ कई गड़ें हैं,
फिर भी,**"आस" और "काश"** में, सिमटी हुई ज़िन्दगी।

जीना है जिनके साथ, उम्र भर मुझको,
उसी के इंतज़ार में मिटती हुई ज़िन्दगी।
यूं तो मेरी कलम ने, अल्फ़ाज़ कई गड़ें हैं,
फिर भी,**"आस" और "काश"** में, सिमटी हुई ज़िन्दगी।

एक **"आस"**, कि आज मिल जाऊंगा, साहिल से,
और **"काश"** कि हो जाए दरिया सी, बहती हुई ज़िन्दगी।
यूं तो मेरी कलम ने, अल्फ़ाज़ कई गड़ें हैं,
फिर भी,**"आस" और "काश"** में, सिमटी हुई ज़िन्दगी।

वो, जिनकी याद में कटती नहीं एक भी पल,
उन्हीं की याद में फिर, कटती हुई ज़िन्दगी।
यूं तो मेरी कलम ने, अल्फ़ाज़ कई गड़ें हैं,
फिर भी, **"आस" और "काश"** में, सिमटी हुई ज़िन्दगी।

आकर के **"काश"** वो मुझे, सीने से लगा ले,
कि एक ज़िन्दगी से बार-बार, ये कहती हुई ज़िन्दगी।
यूं तो मेरी कलम ने, अल्फ़ाज़ कई गड़ें हैं,
फिर भी, **"आस" और "काश"** में, सिमटी हुई ज़िन्दगी।

मेरी साँसों को छूकर, एक **"आस"** तुम दे देना,
कि तेरे दीदार को कब से, तरसती हुई ज़िन्दगी।
यूं तो मेरी कलम ने, अल्फ़ाज़ कई गड़ें हैं,
फिर भी, **"आस" और "काश"** में, सिमटी हुई ज़िन्दगी।

आँसू बनकर के तेरी, आँखों से जो बहता है,
लम्हा-लम्हा तेरे वास्ते, पिघलती हुई ज़िन्दगी।
यूं तो मेरी कलम ने, अल्फ़ाज़ कई गड़ें हैं,
फिर भी, **"आस" और "काश"** में, सिमटी हुई ज़िन्दगी।
"आस" और "काश" में, सिमटी हुई ज़िन्दगी।

***

मैं तुझमें बाकी रहूँ !

बुझ जाए सूरज की रोशनी, मिट जाए चंदा की चांदनी,
बिखर जाए सांसों की ताज़गी और टूट जाए धड़कनों की रागिनी।
चाहतों के सिलसिले मगर, यूं ही तुझ में, मुझ में, जारी रहे,
कि, मैं तुझ में बाकी रहूं और तू मुझ में बाकी रहे।

उड़ जाए बादलों से बिजलियां, गुम हो जाए बाग़ों से तितलियां,
गुज़र जाए रास्तों से कारवां, हो जाए तन्हा ये वादियां।
फिर भी आवाज़ वादियों में, हम दोनों की आती रहे,
कि, मैं 'तुझ में बाकी रहूं और तू, मुझ में बाकी रहे।

सूख जाए ये समंदर कभी, गिर जाए टूटके अम्बर कभी,
चली जाए हीरे की चमक, और पिघल जाए पत्थर कभी,
खुशबू तेरे सांसों की, मेरी सांसों से आती रहे।
कि, मैं तुझ में बाकी रहूं और तू मुझ में बाकी रहे।

फूलों से खुशबू बिखर जाए, फिज़ाओं के मौसम बदल जाए।
पत्ते दरख्तों के गिर जाए, साड़ी हसरतें मर जाए।
न गुल रहे, न गुलशन, और न दिया-बाती रहे, तब भी,
मैं तुझ में बाकी रहूं और तू मुझ में बाकी रहे।

वफाओं की बस्ती उजड़ जाए, सारे तराने, बिगड़ जाए,
खुशियों की सरगम ठहर जाए, बंधन सारे बिछड़ जाए।
गर्दिशों की बइंतहा हो और वक़्त हमें आजमाती रहे, फिर भी
मैं तुझ में बाकी रहूं और तू मुझ में बाकी रहे।

चंदा को न चकोर देखा करे, शमा को न परवाने जला करे,
बेवफाई का चर्चा, हर आँगन में चला करे,
और यूँ चाहत हमारी, सारे ज़माने को, रुलाती रहे, फिर भी,
मैं तुझ में बाकी रहूं और तू मुझ में बाकी रहे।

मैं तुझ में बाकी रहूं और तू मुझ में बाकी रहे।
तू मुझ में बाकी रहे।

***

ज़िंदा हो गए !

मिटे हज़ार बार फिर भी, हम ज़िंदा हो गए,
देख लो,तेरे वास्ते कि हम, क्या-क्या हो गए।
छूकर के मेरे रूह को, ज़िन्दगी जिसने दी,
मेरी रूकी हुई साँसों के लिए, वो फरिश्ता हो गए।

एक बार नज़रें मिलाकर, जान जो फूंकी मुझमें,
मेरी छोटी सी दुनिया के वो, पूरी दुनिया हो गए।
मिटे हज़ार बार फिर भी हम, ज़िंदा हो गए,
देख लो, तेरे वास्ते कि हम, क्या-क्या हो गए।

जीने का तुम्हारे बग़ैर, अब ख़याल भी गंवारा नहीं,
कि तुम ही मेरे रहबर, और तुम ही रहनुमा हो गए।
मिटे हज़ार बार फिर भी हम, ज़िंदा हो गए,
देख लो, तेरे वास्ते कि हम, क्या-क्या हो गए।

देखकर ही गुज़रती है, ये उम्र जिनको,
मेरे अक्स में समा गए वो, मेरा आईना हो गए।
मिटे हज़ार बार फिर भी हम, जिंदा हो गए,
देख लो तेरे वास्ते कि हम, क्या-क्या हो गए।

एक मुस्कान उनके लब पे हो, इसी तमन्ना में,
दुनिया देखती रही, और हम फना हो गए।
मिटे हज़ार बार फिर भी हम, जिंदा हो गए,
देख लो तेरे वास्ते कि हम, क्या-क्या हो गए।
हम, क्या-क्या हो गए।

***

कायनात !

अमिट सी ये जो, तेरी मेरी कहानी है,
गहराई इसकी एक दिन, दुनिया को समझानी है।
होगी सदियों पुरानी, ये कायनात मगर,
कहानी ये तेरी मेरी, इससे भी पुरानी है।

देखा है हमने अक्सर, तेरा ही चेहरा **"चांद"** में,
इस **"चांद"** को एक बार ज़िन्दगी में सजानी है।
होगी सदियों पुरानी, ये कायनात मगर,
कहानी ये तेरी मेरी, इससे भी पुरानी है।

मेरे सीने में बसी, तेरे नाम की ही धड़कनें,
चाहत की हमारी बस, एक ये ही निशानी है।
होगी सदियों पुरानी, ये कायनात मगर,
कहानी ये तेरी मेरी, इससे भी पुरानी है।

रहना है मरते दम तक, एक दूजे के ही दिल में,
फिर चाहे ज़माने में क्यों न मुलज़िम कहलानी है।
होगी सदियों पुरानी, ये कायनात मगर,
कहानी ये तेरी मेरी, इससे भी पुरानी है।

दिल में रहकर तेरे, करना है तुझी को ग़ाफ़िल,
कि ख़बर तुमको भी न हो, और तुम्हीं को चुरानी है।
होगी सदियों पुरानी ये कायनात मगर,
कहानी ये तेरी मेरी, इससे भी पुरानी है।

कर दी निसार जिसने, हर ख़ुशी ज़िन्दगी की,
कि है कैसा नादाँ वो, कैसे उसकी नादानी है ?
होगी सदियों पुरानी ये कायनात मगर,
कहानी ये तेरी मेरी, इससे भी पुरानी है।

करते है बातें उल्फ़त की, चुरा गोपकर सीने में,
पर दिल जो लगाया किसी ने, तो ये बेईमानी है।
होगी सदियों पुरानी ये कायनात मगर,
कहानी ये तेरी मेरी, इससे भी पुरानी है।

झुकाया है सर को, हर बार तेरे क़दमों पे,
अब एक बार इस क़ायनात को, तेरे आगे झुकानी है।
होगी सदियों पुरानी ये कायनात मगर,
कहानी ये तेरी मेरी, इससे भी पुरानी है।

ये **"काश"**, **"कशिश"** और **"कश्मकश"** का रिश्ता,
कहनी नहीं है मगर, फिर भी निभानी है।
होगी सदियों पुरानी ये कायनात मगर,
कहानी ये तेरी मेरी, इससे भी पुरानी है।

इससे भी पुरानी है।

***

लिपट के रोया हूँ!

कभी-कभी इन आंखों की, आंसुओं की बरसातों में,
मेरे मायूस दिनों में और तन्हा तन्हा रातों में,
लिपट के रोया हूं, हर दफा तुमसे,
ख्वाबों में अक्सर मैं, तुमसे मुलाकातों में।

निकला जो टहलने, जीवन के समंदर में कभी,
डूबा हूं फिर, तेरी उल्फत के जज़्बातों मे
लिपट के रोया हूं, हर दफा तुमसे,
ख्वाबों में अक्सर मैं, तुमसे मुलाकातों में।

लिखी है किसने जाने, ये तकदीर हमारी,
कि लिख दी है तन्हाई, बातों ही बातों में।
लिपट के रोया हूं, हर दफा तुमसे,
ख्वाबों में अक्सर मैं, तुमसे मुलाकात में।

बांटता रहा प्यार सबको, दुनिया में लेकिन,
खोजता हूं प्यार की एक लकीर, अपने हाथों में।
लिपट के रोया हूं, हर दफा तुमसे,
ख्वाबों में अक्सर मैं, तुमसे मुलाकातों में।

गिन गिन कर गुनगुनाना, हर दर्द पे अपने,
ऐसे ही बही-खाते हैं, मेरी ज़िन्दगी के खातों में।
लिपट के रोया हूं, हर दफा तुमसे,
ख्वाबों में अक्सर मैं तुमसे मुलाकातों में।

दर्द भरा था मगर, ये दर्द सुकून भी देता था,
अब बेचैन से फिरते है, तेरी शिफ़ा में और शिफ़ातो में।
लिपट के रोया हूं, हर दफा तुमसे,
ख्वाबों में अक्सर मैं तुमसे मुलाकातों में।

एक बार जो लगाया, तेरी तस्वीर को सीने से,
रखा है सजाकर सीने में, हर अच्छे-बुरे हालातों में।
लिपट के रोया हूं, हर दफा तुमसे,
ख्वाबों में अक्सर मैं तुमसे मुलाकातों में।

***

लेते आना !

बेचैनी है फिज़ाओं में अजब सी, आओ तो बहार लेते आना,
थक गई है ये आंखें, करने को इंतज़ार लेते आना।
भूले-भटके ही कहीं, एक खबर तो मिले,
कि एक हवा उनके शहर की, मेरे यार लेते आना।

है किसको हसरत, दौलत-शोहरत की ज़माने में,
मेरे दोस्तों की या रब ! मेरे वास्ते, थोड़ा सा प्यार लेते आना।
भूले-भटके ही कहीं, एक खबर तो मिले,
कि एक हवा उनके शहर की, मेरे यार लेते आना।

पूछेंगे जब भी उनसे, वो इनकार ही करेगी,
कि लबों पे उनके अबकी बार ज़रा इकरार लेते आना।
भूले-भटके ही सही, एक ख़बर तो मिले,
कि एक हवा उनके शहर की, मेरे यार लेते आना।

मिलेंगे अगर तो अश्क, खुद ही बहेंगे आंखों से,
कि पोंछा करे जिससे आंसू, वो रेशमी रुमाल लेते आना।
भूले-भटके ही सही, एक ख़बर तो मिले,
कि एक हवा उनके शहर की, मेरे यार लेते आना।

मिला ही नहीं शुकून हफ़्तों से, उनकी बिरहा में या रब,
कि जब आओ तो खुशियों बरा, एक इतवार लेके आना।
भूले-भटके ही सही, एक ख़बर तो मिले,
कि एक हवा उनके शहर की, मेरे यार लेते आना।

देखा करे बैठकर दोनों, एक दूजे को दूर से,
कि दरमियाँ उठाने को हमारे, एक शीशे की दीवार लेते आना   भूले-भटके ही सही, एक ख़बर तो मिले,
कि एक हवा उनके शहर की, मेरे यार लेते आना।

दिल उनका भी है पर, रोका है बंदिशों ने ज़माने की,
तोड़ कर हर रश्मों-रिवाज़ उनको, करके तैयार लेते आना।
भूले-भटके ही सही, एक ख़बर तो मिले,
कि एक हवा उनके शहर की, मेरे यार लेते आना।
मेरे यार लेते आना।

***

खिलौना।

आता है अपने ही हालात पे, रोना मुझे,
कि वक्त ने बनाया है, वक्त का खिलौना मुझे।
ऐ समंदर ! अब तुम क्या देते हो दुहाई दोस्ती की,
कि साहिल की तरह, अब तुम भी डुबोना मुझे।

मुस्कुराहटों के नकाब में, हर गम छुपाकर,
आता है सारे दर्द को, कंधों पे ढोना मुझे।
आता है अपने ही हालात पे, रोना मुझे,
कि वक्त ने बनाया है, वक्त का खिलौना मुझे।

गुमसुम सी वो, गुम हो जाती है अक्सर,
दिखाकर ख्वाब, एक सपन सलोना मुझे।
आता है अपने ही हालात पे, रोना मुझे,
कि वक्त ने बनाया है, वक्त का खिलौना मुझे।

तुम ज़ख्म देते जाना, हम लिखते रहेंगे,
कि आता है हर दर्द को, लफ़्ज़ों में पिरोना मुझे।
आता है अपने ही हालात पे, रोना मुझे,
कि वक्त ने बनाया है, वक्त का खिलौना मुझे।

थक सा गया हूं, जीने की आस में, ऐ **"अब्दुल"**,
कि अब तेरी बाहों में है, उम्र भर सोना मुझे।
आता है अपने ही हालात पे, रोना मुझे,
कि वक्त ने बनाया है, वक्त का खिलौना मुझे।

किस-किस को सुनाए हम, अपनी बेग़ुनाई का किस्सा,
तुम तो मेरे अपने हो, तुम तो समझो ना मुझे।
आता है अपने ही हालात पे, रोना मुझे,
कि वक्त ने बनाया है, वक्त का खिलौना मुझे।

आए तुम, तो जीवन में रौनक सी आ गई,
कसम है तुझे, कि फिर से मत खोना मुझे।
आता है अपने ही हालात पे, रोना मुझे,
कि वक्त ने बनाया है, वक्त का खिलौना मुझे।

वक्त का खिलौना मुझे।

***

खेल सांसों का !

न ही **"चांद"**, **"सूरज"** और न **"सितारों"** का है
न मंजिलों का है, और न उन तक जाती राहों का है,
एक जाए, दूजा आए, न आए,
कि सारा खेल, तो सांसों का है।

यूं तो निकला हूं, खाली हाथ मगर,
मेरे साथ एक संदूक, तेरी यादों का है।
एक जाए, दूजा आए, न आए,
कि सारा खेल, तो सांसों का है।

मिल ही जाते हम, आज नहीं तो कल,
सारा कसूर, तो इन रस्मों- रिवाज़ों का है।
एक जाए, दूजा आए, न आए,
कि सारा खेल, तो सांसों का है

अपने अंदर जब, खुद को ढूंढा तो जाना,
एक-एक हिस्सा मेरा, कर्जदारों का है।
एक जाए, दूजा आए, न आए,
कि सारा खेल, तो सांसों का है।

अंधेरों ने तो जीना सिखा ही दिया था मुझे,
नासूर गहरे किये जिसने, कसूर उन उजालों का है।
एक जाए, दूजा आए, न आए,
कि सारा खेल, तो सांसों का है।

दूर ही से सही, मुस्कुराते रहो सदा,
यही दुआ बस हरदम, मोहब्बत के मारों का है।
एक जाए, दूजा आए, न आए,
कि सारा खेल, तो सांसों का है।

रुख हवाओं ने बदला, तब आग लगी,
वर्ना कहाँ कोई गुनाह, उन शरारों का है।
एक जाए, दूजा आए, न आए,
कि सारा खेल, तो सांसों का है।
सारा खेल, तो सांसों का है।

***

मैं ज़िंदा हूं!

मैं ज़िंदा हूं, ये एहसास दिलाए तो कोई,
कि एक बार मुझे छूके, जाए तो कोई।
बड़ी शिद्दत से देता हूं, हर इम्तिहान ज़िन्दगी का,
पर, मैं जीता हूं, या हारा हूं, ये बतलाएं तो कोई।

एक मैं हूं सफर में, और मेरी तन्हाई है,
खुदारा! दो पल के लिए, साथ निभाए तो कोई
बड़ी शिद्दत से देता हूं, हर इम्तिहान ज़िन्दगी का,
पर, मैं जीता हूं, या हारा हूं, ये बतलाएं तो कोई।

ये अश्क है, कि रुकने का नाम ही नहीं लेते,
कि एक बार मेरे दर्द को, लफ्जों में सजाए तो कोई।
बड़ी शिद्दत से देता हूं, हर इम्तिहान ज़िन्दगी का,
पर, मैं जीता हूं, या हारा हूं, ये बतलाई तो कोई।

दाग़ अपने सभी, छुपाए फिरते हैं महफिलों में,
कि ज़माने के वास्ते ज़माने को आईना दिखाएं तो कोई।
बड़ी शिद्दत से देता हूं, हर इम्तिहान ज़िन्दगी का,
पर, मैं जीता हूं, या हारा हूं, ये बतलाएं तो कोई।

मैं शीशा हूं, देखता हूं कि टूटता कि नहीं,
बस, मुझे मारने को एक बार, पत्थर उठाए तो कोई।
बड़ी शिद्दत से देता हूं, हर इम्तिहान ज़िन्दगी का,
पर, मैं जीता हूं, या हारा हूं, ये बतलाएं तो कोई।

ये अँधेरा हो मुक्कदर, मेरे ही घर का क्यों ?
कि एक शमा, मेरे वास्ते भी जलाये तो कोई।
बड़ी शिद्दत से देता हूं,हर इम्तिहान ज़िन्दगी का,
पर, मैं जीता हूं, या हारा हूं, ये बतलाएं तो कोई।

हर बात लफ्जों में कह दूँ, तो मज़ा क्या है ?
काश, कि मेरी ख़ामोशी भी, समझ पाए तो कोई।
बड़ी शिद्दत से देता हूं,हर इम्तिहान ज़िन्दगी का,
पर, मैं जीता हूं, या हारा हूं, ये बतलाएं तो कोई।
मैं ज़िंदा हूं, ये एहसास दिलाए तो कोई,
कि एक बार मुझे छूके, जाए तो कोई।

***

रंग !

आंखों से बहता हुआ, ये खुशी का रंग है,
अल्फ़ाज़ बने हैं कातिल, ये शायरी का रंग है।
लहू जो आना था आंखों से, हाथों में ज़ाहिर हुआ,
और कहने लगे लोग, कि ये मेहंदी का रंग है।

मिलना, कभी बिछड़ना, फिर मिलना, फिर बिछड जाना,
यही ज़िन्दगी है दोस्त, यही ज़िंदगी का रंग है,
आंखों से बहता हुआ ये खुशी का रंग है,
अल्फ़ाज़ बने हैं कातिल, ये शायरी का रंग है।

बनाई सेज फूलों ने, और उनका ही कत्ल हुआ,
चमन के फूलों की यही, गर्दिशी का रंग है।
आंखों से बहता हुआ, ये खुशी का रंग है,
अल्फ़ाज़ बने हैं कातिल, ये शायरी का रंग है।

करके यकीं उनपे, हर बार ये शीशा टूटा है,
और कहते हैं मुस्कुरा के, कि यै दिल्लगी का रंग है।
आंखों से बहता हुआ, ये खुशी का रंग है,
अल्फ़ाज़ बने है कातिल, ये शायरी का रंग है।

झुका सर जिनपे मेरा, किया कत्ल उसी ने,
ऐ दुनिया ! देख लो, यही अब सादगी का रंग है।
आंखों से बहता हुआ, ये खुशी का रंग है,
अल्फ़ाज़ बने है कातिल, ये शायरी का रंग है।

कहने को मशहूर है मगर, दिल का पन्ना खाली सा,
मेरे हाथों के लकीरों की, यही मुफलिसी का रंग है।
आंखों से बहता हुआ, ये खुशी का रंग है,
अल्फ़ाज़ बने है कातिल, ये शायरी का रंग है।

जब चाहा मिल जाना, जब चाहा बिछड़ जाना,
मतलब परस्त है लोग सभी, यही उनकी दोस्ती का रंग है।
आंखों से बहता हुआ, ये खुशी का रंग है,
अल्फ़ाज़ बने है कातिल, ये शायरी का रंग है।

***

सुरूर !

वो हमसे दूर है, तो हमसे दूर रहने दो,
उनकी चाहतों का मगर, मुझपे सुरूर रहने दो।
न दे इल्ज़ाम बेवफाई का कोई उनको ऐ दोस्त !
कि वो हमदम है मेरा, मुझे यही गुरुर रहने दो।

हंसना, रोना, दोनो है शामिल, ज़िन्दगी की ज़ात में,
कि मजबूर हूं थोड़ा, तो क्या मुझे मजबूर रहने दो।
वो हमसे दूर है, तो हमसे दूर रहने दो,
उनकी चाहतों का मगर, मुझपे सुरूर रहने दो।

उतर जाएगा नशा, कुछ दिनों में दौलत का,
कि कुछ दिन उनको भी, यूं ही नशे में चूर रहने दो।
वो हमसे दूर है, तो हमसे दूर रहने दो,
उनकी चाहतों का मगर, मुझपे सुरूर रहने दो।

आंखें बेज़ुबान सही, पढ़ लेती है पूरी कायनात,
कि कातिलाना ही सही, ज़िंदा ये दस्तूर रहने दो।
वो हमसे दूर है, तो हमसे दूर रहने दो,
उनकी चाहतों का मगर, मुझपे सुरूर रहने दो।

जख्म जो तूने दिये जो मिल्कियत है मेरी,
मेरी ज़िन्दगी में सारे वो, बनके नासूर रहने दो।
वो हमसे दूर है, तो हमसे दूर रहने दो,
उनकी चाहतों का मगर, मुझपे सुरूर रहने दो।

करके वफ़ा बेइम्तिहां, बेवफा उसने कह दिया,
बनके बेवफ़ा ही सही, मुझे शहर में मशहूर रहने दो।
वो हमसे दूर है, तो हमसे दूर रहने दो,
उनकी चाहतों का मगर, मुझपे सुरूर रहने दो।

वफ़ा को किसी की, सर पे अपने सजाकर रखना,
"ग़फूर" की ये फितरत है, तो मुझे **"ग़फूर"** दो।
वो हमसे दूर है, तो हमसे दूर रहने दो,
उनकी चाहतों का मगर, मुझपे सुरूर रहने दो।

***

रोका है !

मंजिलों ने तो निभाई दोस्ती, रास्तों ने रोका है,
मुश्किलें तो कमतर थी, मुझे हौसलों ने रोका है।
यूं तो मेरे कदम, रुके नहीं कभी,
गर रोका है इन्हें तो, तेरे आंसुओं ने रोका है।

फैली है एक खुशबू, तेरे आने से जहां,
लौट जाने से मुझको, उन्हीं वादियों ने रोका है।
यूं तो मेरे कदम, रूके नहीं कभी,
गर रोका है इन्हें तो, तेरे आंसुओं ने रोका है।

तराशा है मुश्किलों ने ही, मेरे रास्तों को, ऐ दोस्त!
ये किसने कह दिया कि मुझे, मुश्किलों ने रोका है।
यूं तो मेरे कदम, रूके नहीं कभी,
गर रोका है इन्हें तो, तेरे आंसुओं ने रोका है।

लिखा करते थे नाम अपना, जिन दरख़्तों पे कभी,
भूल जाने से तुमको, उन्हीं दरख़्तों ने रोका है।
यूं तो मेरे कदम, रूके नहीं कभी,
गर रोका है इन्हें तो, तेरे आंसुओं ने रोका है।

तोड़ देता रस्मों की, हर दीवार दूनिया की,
मुझे रोका है तो बस, तेरी चुप्पियों ने रोका है।
यूं तो मेरे कदम, रूके नहीं कभी,
गर रोका है इन्हें तो, तेरे आंसुओं ने रोका है।

***

एक बार !

जी करता है इस बार, कुछ ऐसा कर जाऊं,
कि तेरी आंचल में आऊं, और वही पे मर जाऊं।
हर बार मुंह फेरे, क्यों ये ज़माना ही हमसे ?
कि एक बार ज़माने से, मैं भी मुकर जाऊं।

बना ली है तुझे, एक बार जो अपनी मंज़िल
अब तुझे छोड़के भला, मैं किधर जाऊं?
हर बार मुंह फेरे, क्यों ये ज़माना ही हमसे ?
कि एक बार ज़माने से, मैं भी मुकर जाऊं।

ठानी है कि रखूंगा, तुझे अपने सिरहाने,
तुझसे जुदा होके, चाहे मैं जिधर जाऊं।
हर बार मुंह फेरे, क्यों ये ज़माना ही हमसे ?
कि एक बार ज़माने से, मैं भी मुकर जाऊं।

शौक नहीं मुझे खुद को, धागे में पिरोने का,
है आरज़ू, कि तेरी आग़ोश में टूटके बिखर जाऊं।
हर बार मुंह फेरे, क्यों ये ज़माना ही हमसे,
कि एक बार ज़माने से, मैं भी मुकर जाऊं।

चले जाने पे मेरे हमदम, रोया करे ये ज़माना,
जी करता है, कि करके कुछ ऐसा असर जाऊं।
हर बार मुंह फेरे, क्यों ये ज़माना ही हमसे,
कि एक बार ज़माने से, मैं भी मुकर जाऊं।

एक ऐसा तालमेल, हो जाए आबो-हवा में,
कि तेरी गली से गुजरूं और दुनिया से ही गुज़र जाऊँ।
हर बार मुंह फेरे, क्यों ये ज़माना ही हमसे,
कि एक बार ज़माने से, मैं भी मुकर जाऊं।

तेरे दिल से मुझे, एक आवाज जो मिल जाए,
रोक लूँ इन साँसों को, तेरे वास्ते ठहर जाऊँ।
हर बार मुंह फेरे, क्यों ये ज़माना ही हमसे,
कि एक बार ज़माने से, मैं भी मुकर जाऊं।

***

ज़हन !

यूं बदल जाते हैं लोग, मौसमों की तरह,
और तोड़ जाते हैं बंधन सारे बच्चों की तरह।
ज़हन, उनका अब भी, कशमकश में गुम है,
सफ़र में डगमगाए हुए, चंद कदमों की तरह।

बदल देते हैं वो हर बार अपनी रिवायतें,
ज़माने में काबिज जैसे, बेवजह रस्मो की तरह।
ज़हन उनका अब भी, कशमकश में गुम है,
सफ़र में डगमगाए हुए, चंद कदमों की तरह।

तोड़ डालेगी एक दिन, तुम भी शीशा अपना,
चाहतों के नाकाम, टूटे हुए, कस्मों की तरह।
ज़हन उनका अब भी, कशमकश में गुम है,
सफ़र में डगमगाए हुए, चंद कदमों की तरह।

एक गुनाह ने किया है, इस तरह खाक मुझे,
जिस्म में मौजूद नासूर, बेरहम ज़ख्मों की तरह।
ज़हन उनका अब भी, कशमकश में गुम है,
सफ़र में डगमगाए हुए, चंद कदमों की तरह।

लड़खड़ाती जुबां पे वो, आ ही जाते हैं हर बार,
किसी शायर के कलम की, दिलनशीं लफ़्ज़ों की तरह।
ज़हन उनका अब भी, कशमकश में गुम है,
सफ़र में डगमगाए हुए, चंद कदमों की तरह।

वो इश्क़ ही क्या **"ग़फूर"**, जो भुला दे किसी को,
कि रखना संभाल कर इसे, बेशकीमती हीरों की तरह।
ज़हन उनका अब भी, कशमकश में गुम है,
सफ़र में डगमगाए हुए, चंद कदमों की तरह।

क्या गम, कि चला जाऊँ एक दिन जहाँ से,
लबों पे अपने रखना मुझे, पसंदीदा नग्मों की तरह।
ज़हन उनका अब भी, कशमकश में गुम है,
सफ़र में डगमगाए हुए, चंद कदमों की तरह।

***

दुआ !

इस दर्दे-दिल की मुझे, दवा कौन दे ?
शहर में बेवफाओं के, वफा कोन दे ?
वो जिनकी तमन्ना है कि, मैं मर जाऊं,
खुदारा ! मेरे वास्ते अब दुआ कौन दे ?

क्या पता था कि, रूतबा ज़रूरी है,
कि तुझ तक पहुंचूं, वो रूतबा कौन दे?
वो जिनकी तमन्ना है कि, मैं मर जाऊं,
खुदारा! मेरे वास्ते अब, दुआ कौन दे?

वादे तो थे, बहुत सारे उनके,
वादों की याद उनको, भला कौन दे?
वो जिनकी तमन्ना है कि, मैं मर जाऊं,
खुदारा! मेरे वास्ते अब, दुआ कौन दे?

जी सकता हूं मगर,जी पाऊंगा नहीं,
उनके बग़ैर, ये उनको इत्तला कौन दे?
वो जिनकी तमन्ना है कि, मैं मर जाऊं,
खुदारा! मेरे वास्ते अब, दुआ कौन दे?

बदला है धीरे-धीरे, रस्ता ही जिसने
फिर मिलेंगे कहीं, ये भरोसा कौन दे?
वो जिनकी तमन्ना है कि, मैं मर जाऊं,
खुदारा! मेरे वास्ते अब, दुआ कौन दे?

हज़ारों हिस्सों में, बाँट डालो मुझे,
पर मेरे हिस्से का मुझे, हिस्सा कौन दे ?
वो जिनकी तमन्ना है कि, मैं मर जाऊं,
खुदारा! मेरे वास्ते अब, दुआ कौन दे?

रिवायत उल्फत में, मिट जाना है जब,
इत्मीनान के वास्ते सही हौसला कौन दे ?
वो जिनकी तमन्ना है कि, मैं मर जाऊं,
खुदारा! मेरे वास्ते अब, दुआ कौन दे?

ख़तावार वो भी है, ख़तावार हम भी,
अब किसको खता की सज़ा कौन दे ?
वो जिनकी तमन्ना है कि, मैं मर जाऊं,
खुदारा! मेरे वास्ते अब, दुआ कौन दे?

रखूँगा याद, दर्द के सहारे ही तुझे,
वर्ना दर्द इतना कभी, गहरा कौन दे ?
वो जिनकी तमन्ना है कि, मैं मर जाऊं,
खुदारा! मेरे वास्ते अब, दुआ कौन दे?

वो आए और यूँ ही चले गए,
कि कंधा मेरी मैय्यत को, भला कौन दे।
वो जिनकी तमन्ना है कि, मैं मर जाऊं,
खुदारा! मेरे वास्ते अब, दुआ कौन दे?
खुदारा! मेरे वास्ते अब, दुआ कौन दे?

***

पहले सा!

वही ज़ख्म है, वही दर्द है, वही इम्तेहान पहले सा,
और गर्दिशों में दबी है आज भी मेरी जान पहले सा।
काबिज है ज़मीं आसमां दोनो, अपने ईमां पर,
न रहा लेकिन आजकल, बस इंसान पहले सा।

हो जाऊंगा "**खाक**" तेरी खातिर, बिन "**आह**" के,
बशर्ते कि रहे तेरी लबों पे, वो मुस्कान पहले सा
काबिज है ज़मीं आसमां दोनों अपने ईमा पर,
न रहा लेकिन आजकल, बस इंसान पहले सा।

बनते हैं पिंजरे भी, सोने-चांदी के आजकल,
कि कहां बनते हैं अब वो, मोहब्बतों के मकान पहले सा।
काबिज है ज़मीं आसमां दोनों अपने ईमा पर,
न रहा लेकिन आजकल, बस इंसान पहले सा

उल्फतों के रास्ते में, शहादत तो लाज़मी है,
कि ये सफर कहां होती है, अब आसान पहले सा
काबिज है ज़मीं आसमां दोनों अपने ईमा पर,
न रहा लेकिन आजकल, बस इंसान पहले सा

दरबार में उनके मिलतीं है, हर रोज़ सज़ाये,
कहां चलती है उनका भी, अब फरमान, पहले सा
काबिज है ज़मीं आसमां दोनों अपने ईमा पर,
न रहा लेकिन आजकल, बस इंसान पहले सा

"काश", कि ये **"कशिश"**, हमें **"कश्मकश"** में न डालती,
रहता मेरे हिस्से में भी, जीने का सामान पहले सा।
काबिज है ज़मीं आसमां दोनों अपने ईमा पर,
न रहा लेकिन आजकल, बस इंसान पहले सा

यूं बदला है ज़माने में, शख्सियत को मेरी,
न मैं रहा पहले सा, न दिल-ए-नादाँ पहले सा।
काबिज है ज़मीं आसमां दोनों अपने ईमा पर,
न रहा लेकिन आजकल, बस इंसान पहले सा

***

दर्द का सामान

मत समझ ऐ दोस्त ! तू कोई अनजान मुझे,
कि जानता है, ये सारा हिंदुस्तान मुझे,
कोई कहता है शायर, कोई दीवाना,
और कोई कहता है, दर्द का सामान मुझे।

फकीर हूं, फिरता हूं, मौज में इधर-उधर,
कि तेरे दिल में चाहिए, एक छोटा सा मकान मुझे।
कोई कहता है शायर, कोई दीवाना,
और कोई कहता है, दर्द का सामान मुझे।

कुछ पल को रोक देंगे, अपनी मौत भी,
पर,आओगी मेरे पास, देदे ये इत्मीनान मुझे ।
कोई कहता है शायर, कोई दीवाना,
और कोई कहता है, दर्द का सामान मुझे।

तेरी कसम, फिर न शिकायत करूंगा,
आ ! सीने से लगा, देदे वापस मेरी जान मुझे।
कोई कहता है शायर, कोई दीवाना,
और कोई कहता है, दर्द का सामान मुझे।

एक जनम के वास्ते, हम क्या जुदा हुए,
समझ बैठे हैं शायद, वो कोई मेहमान मुझे।
कोई कहता है शायर, कोई दीवाना,
और कोई कहता है, दर्द का सामान मुझे।

दूर हूँ जिस्म से पर, रूह में तेरे शरीक़ हूँ,
अपने रूह से पूछ और फिर पहचान मुझे।
कोई कहता है शायर, कोई दीवाना,
और कोई कहता है, दर्द का सामान मुझे।

रखी है संभाल कर हमने, तेरे हिस्से की क़ायनात,
दे दे तू भी अपने आँखों में, मेरे हिस्से का आसमान !
कोई कहता है शायर, कोई दीवाना,
और कोई कहता है, दर्द का सामान मुझे।

***

रेत !

रेत, ये सांसों का, हाथों से फिसल जाए तो बेहतर है,
देर ही से सही, ये मौसम बदल जाए तो बेहतर है।
दम दम पे, हरदम पे ये वक्त कहता है,
कि एक बार कमबख्त, ये दम निकल जाए तो बेहतर है।

मिटाकर अपने आप को देते हैं हर बार तसल्ली,
कि एक बार ज़िन्दा रहने को भी, ये दिल मचल जाए तो बेहतर है।
रेत ये सांसों का, हाथों से फिसल जाए तो बेहतर है,
देर ही से सही, ये मौसम बदल जाए तो बेहतर है।

जलेगा कब तक जाने ? वो धागा रोशनी को,
मिट जाए तो मिट जाए, पर ये मोम पिघल जाए तो बेहतर है।
रेत ये सांसों का, हाथों से फिसल जाए तो बेहतर है,
देर ही से सही ये मौसम बदल जाए तो बेहतर है।
"
हर बार न देगा, कोई यूं हौसला तुमको,
कि ऐ दिल ! इसी बार तू संभल जाए तो बेहतर है।
रेत ये सांसों का, हाथों से फिसल जाए तो बेहतर है,
देर ही से सही, ये मौसम बदल जाए तो बेहतर है।

इसी उम्मीद में आजतक खड़ा हूँ बाज़ार में,
किसी गली पे कभी ये, खोटा सिक्का भी चल जाए तो बेहतर है।
रेत ये सांसों का, हाथों से फिसल जाए तो बेहतर है,
देर ही से सही, ये मौसम बदल जाए तो बेहतर है।

फुर्सत कहाँ किसी को, कि तेरी सरपरस्ती करे,
तन्हा तन्हा ही सही, तन्हा ही ये दिल बहल जाए तो बेहतर है।
रेत ये सांसों का, हाथों से फिसल जाए तो बेहतर है,
देर ही से सही, ये मौसम बदल जाए तो बेहतर है।

हर रोज़ **"चाँद"** से करता हूँ शिकायत तुम्हारी,
कि सज़ा देने ही सही, कभी मिल जाए तो बेहतर है।
रेत ये सांसों का, हाथों से फिसल जाए तो बेहतर है,
देर ही से सही, ये मौसम बदल जाए तो बेहतर है।

ये मौसम बदल जाए तो बेहतर है।

***

दिलासा !

जो तेरे दामन में है, सुकूं वो जन्नत में कहां ?
मिलती है जो घड़ी नसीब से, मेरी उल्फत में कहां ?
खुद ही रोए, और खुद ही आंसू पोंछ दिये,
कि कोई हमें दे दिलासा, ऐसी मेरी किस्मत में कहां?

मुद्दतों मांगा है, तुमको दुआओं में मगर,
हासिल तुमको कर लूं, वो कुव्वत मेरी इबादत में कहां ?
खुद ही रोए, और खुद ही आंसू पोंछ दिये,
कोई हमें दे दिलासा, ऐसी मेरी किस्मत में कहां?

उस आखिरी नज़र पे तेरी, जाने क्या बात थी ?
कि जी पाया उसके बाद, मैं तेरी गुरबत में कहां?
खुद ही रोए, और खुद ही आंसू पोंछ दिये,
कोई हमें दे दिलासा, ऐसी मेरी किस्मत में कहां?

तुमको जो चाहा, तो सदा के लिए चाहा,
कि बदल जाऊं कभी, ऐसी मेरी फितरत में कहां।
खुद ही रोए, और खुद ही आंसू पोंछ दिए,
कोई हमें दे दिलासा, ऐसी मेरी किस्मत में कहां?

कुबूल है हर दर्द तेरा, बस, आने का वादा कर,
कि दीवानगी ऐसी देखोगी, तुम भला चाहत में कहां ?
खुद ही रोए, और खुद ही आंसू पोंछ दिए,
कोई हमें दे दिलासा, ऐसी मेरी किस्मत में कहां?

तुझको चाहा, तुझ ही को पूजा हर बार,
कि कोई बंधन तोड़ दूँ, ऐसी मेरी आदत में कहाँ।
खुद ही रोए, और खुद ही आंसू पोंछ दिए,
कोई हमें दे दिलासा, ऐसी मेरी किस्मत में कहां?

दम निकले गोद में तेरी, एक यही तमन्ना है,
इसके सिवा कुछ रखा है, हमने अपने हसरत में कहाँ।
खुद ही रोए, और खुद ही आंसू पोंछ दिए,
कोई हमें दे दिलासा, ऐसी मेरी किस्मत में कहां?

***

रहनुमा कहलाओगे !

क्या एहसास है तुम्हें, कि क्या-क्या कहलाओगे?
कि यही फितरत रही अगर, तो बेवफा कहलाओगे।
रख दो हाथ कंधे पे किसी के, बे-दिल ही सही,
फिर उसकी गुरबतो में तुम, रहनुमा कहलाओगे।

लफ़्ज़ों के तो मायने, समझ लेता है हर कोई,
जो खामोशी पढ़ लोगे, तो दिलरूबा कहलाओगे।
रख दो हाथ कंधे पे किसी के बे-दिल ही सही,
फिर उसकी गुरबतो में तुम, रहनुमा कहलाओगे।

क्या मज़ा कि दिखाएं तुम्हें, दिलों के ग़म हर बार,
कि चेहरा जो पढ़ लो मेरा, तो आईना कहलाओगे।
रख दो हाथ कंधे पे किसी के, बे-दिल ही सही,
फिर उसकी गुरबतो में तुम, रहनुमा कहलाओगे।

उसी राह पे चला, तो क्या चला, ऐ दोस्त !
बनाकर अपनी राह चलो, तो बादशाह कहलाओगे।
रख दो हाथ कंधे पे किसी के बे-दिल ही सही,
फिर उसकी ग़ुरबतो में तुम, रहनुमा कहलाओगे।

जीतना दिलों को ज़िद से, होगा फन किसी का,
प्यार से जीते जो दिल तो मेहरबां कहलाओगे।
रख दो हाथ कंधे पे किसी के बे-दिल ही सही,
फिर उसकी ग़ुरबतो में तुम, रहनुमा कहलाओगे।

कुछ तो खताएं लाजमी है, तुम पे ए-इंसान,
वर्ना पूजे जाओगे तुम और खुदा कहलाओगे।
रख दो हाथ कंधे पे किसी के बे-दिल ही सही,
फिर उसकी ग़ुरबतो में तुम, रहनुमा कहलाओगे।

सिमटते जाओ तो बंद हो जाओगे, मुट्ठी में एक दिन,
और फैलते जाओ तो एक दिन, आसमां कहलाओगे।
रख दो हाथ कंधे पे किसी के बे-दिल ही सही,
फिर उसकी ग़ुरबतो में तुम, रहनुमा कहलाओगे।
रहनुमा कहलाओगे।

***

हम बदनाम फिर भी रहे...

रस्में हज़ारों निभाई, हम बदनाम फिर भी रहे,
ठोकरें लाखों खाई, हम बदनाम फिर भी रहे ।
लूटा हर किसी ने, ज़माने में मुझे,
एक आह! जो निकल आई, हम बदनाम फिर भी रहे।

तन्हा से खड़े थे, राहों में वो कबसे,
हाथ जो हमने बढ़ाई, हम बदनाम फिर भी रहे।
लूटा हर किसी ने, ज़माने में मुझे,
एक आह! जो निकल आई, हम बदनाम फिर भी रहे।

बही बारिशों की मानिंद, आंखें अक्सर उनकी,
और पलक जो हमने झपकाईं, हम बदनाम फिर भी रहे।
लूटा हर किसी ने, ज़माने में मुझे,
एक आह! जो निकल आई, हम बदनाम फिर भी रहे।

डगमगाए न कदम उनके, अंधेरों में कभी
खुद को भी हमने आग लगाई, हम बदनाम फिर भी रहे।
लूटा हर किसी ने, ज़माने में मुझे,
एक आह! जो निकल आई, हम बदनाम फिर भी रहे।

था मशगूल कमाने में शोहरत,
हमने चाहत की एक बस्ती बनाई, हम बदनाम फिर भी रहे।
लूटा हर किसी ने, ज़माने में मुझे,
एक आह! जो निकल आई, हम बदनाम फिर भी रहे।

उफ़ तक न किए कभी, सहते गए हर गम,
मैं था और थी, मेरी तन्हाई, हम बदनाम फिर भी रहे।
लूटा हर किसी ने, ज़माने में मुझे,
एक आह! जो निकल आई, हम बदनाम फिर भी रहे।

नाम उनका मिटा ही नहीं, दिल के किताब से,
जाने कौन सी थी, वो सियाही, हम बदनाम फिर भी रहे।
लूटा हर किसी ने, ज़माने में मुझे,
एक आह! जो निकल आई, हम बदनाम फिर भी रहे।
एक आह! जो निकल आई, हम बदनाम फिर भी रहे।
हम बदनाम फिर भी रहे!

***

बेगाने !

पलकों पे हमारे फकत, अश्कों के ठिकाने हैं,
और कसम ली है हमने, कि जी भरके मुस्कुराने हैं।
रूहों की तह तक, मिल चुके हो मगर,
दुनिया के वास्ते बने, दोनों बेगाने हैं।

पता है कि लिखा क्या है, मेरी किस्मत में,
बस यही, कि तेरी याद में, टूटकर बिखर जाने हैं।
रूहों की तह तक, मिल चुके हो मगर,
दुनिया के वास्ते बने, दोनों बेगाने हैं।

एक बार जो देखा तेरी आंखों को, जी उठा हूं मै,
हर रोज उसके बाद फिर, मुद्दे नए पुराने है।
रूहों की तह तक, मिल चुके हों मगर,
दुनिया के वास्ते बने, दोनों बेगाने हैं।

देख लो, मैं चला गया, तुमसे दूर लेकिन,
तेरी तस्वीर आज भी, मेरे पास, मेरे सिरहाने हैं
रूहों की तह तक, मिल चुके हों मगर,
दुनिया के वास्ते बने, दोनों बेगाने हैं।

तुमको भुला पाऊं कभी, ये मुमकिन नहीं जीते जी,
कि ये दूरियां, ये फासले, ये सब तो बहाने है।
रूहों की तह तक, मिल चुके हो मगर,
दुनिया के वास्ते बने दोनों बेगाने है।

समझ ही न पाया मैं, गहराई तेरी चाहत की,
और कहते है सबसे, की हम तेरे दीवाने है।
रूहों की तह तक, मिल चुके हो मगर,
दुनिया के वास्ते बने दोनों बेगाने है।

रह गई टीस, मेरी हसरतों के सीने में,
कि एक बार चीर के, ये दिल आपको दिखाने है।
रूहों की तह तक, मिल चुके हो मगर,
दुनिया के वास्ते बने दोनों बेगाने है।

***

तेरी हस्ती की खातिर।

आसमां ज्यों तड़पता है, ज़मीं की खातिर,
अरसे से मैं भी तड़पा हूं, एक खुशी की खातिर।
उठा दी हमने अपने हसरतों की मैय्यत,
बचाने को दुनिया में, तेरी हस्ती की खातिर।

उसी सादगी ने हमको, मारा है अक्सर,
उलझा किये सबसे, जिस सादगी की खातिर।
उठा दी हमने अपने हसरतों की मैय्यत,
बचाने को दुनिया में, तेरी हस्ती की खातिर।

रूह तक उन्हें हमने, समाए हुए रखा,
मेरे रूह में उनकी थोड़ी सी, गर्मी की खातिर।
उठा दी हमने अपने हसरतों की मैय्यत,
बचाने को दुनिया में, तेरी हस्ती की खातिर।

वो चौराहे पे देखो, सरेआम चाहत हो रही नीलाम,
ज़माने में चंद सोने और चांदी की खातिर।
उठा दी हमने अपने हसरतों की मैय्यत,
बचाने को दुनिया में, तेरी हस्ती की खातिर।

एक ज़िन्दगी पूरी, यूं ही गुज़ार दी हमने,
सुकूं भरी एक छोटी सी ज़िन्दगी की खातिर।
उठा दी हमने अपने हसरतों की मैय्यत,
बचाने को दुनिया में, तेरी हस्ती को खातिर।

वो दर्द जलने का, उस **"दिये"** से पूछो,
जलता रहा जो तेरे वास्ते, तोड़ी सी रौशनी की ख़ातिर
उठा दी हमने अपने हसरतों की मैय्यत,
बचाने को दुनिया में, तेरी हस्ती को खातिर।

मरकर भी मुझको, न मिली राहत यारों,
जिस्म तड़पता रहा, थोड़ी सी मिट्टी की ख़ातिर।
उठा दी हमने अपने हसरतों की मैय्यत,
बचाने को दुनिया में, तेरी हस्ती को खातिर।

***

दुनियादारी !

चलो दुनिया के लोगों, थोड़ी दुनियादारी करते हैं,
बेवफ़ाई बहुत की ख़ुदा से, अब वफादारी करते हैं।
कि हार जाना हमारी, फितरत में है ही नहीं,
चलो, जीतने की अब, थोड़ी तैयारी करते हैं।

कोई गुनाह हमारे नब्ज़ को, कर न दे ख़राब,
कि चलो अपने नब्ज़ की, हम पहरेदारी करते हैं।
कि हार जाना हमारी, फितरत में है ही नहीं,
चलो, जीतने की अब, थोड़ी तैयारी करते हैं।

वो क्या निभाएंगे, रस्म-ए-वफा ज़माने में,
फक्त लेन देन की जो, सौदागरी करते हैं।
कि हार जाना हमारी, फितरत में है ही नहीं,
चलो, जीतने की अब, थोड़ी तैयारी करते हैं।

कहां है उसने, जितना मांगों, उतना दिया करूंगा,
चलो, फिर ख़ुदा के सामने खुद को भिखारी करते हैं।
कि हार जाना हमारी, फितरत में है ही नहीं,
चलो, जीतने की अब, थोड़ी तैयारी करते हैं।

चर्चे आम है महफ़िल में, उनकी दोस्ती के अब,
कि जो दुश्मन तो दुश्मन, दोस्तों से भी, होशियारी करते हैं।
कि हार जाना हमारी, फितरत में है ही नहीं,
चलो, जीतने की अब, थोड़ी तैयारी करते हैं।

तुम मुझे बताना दर्द अपना, मैं ज़ख्म अपने तुझे बोलूँ,
चलो एक रोज़, एक दूजे की, दोनों राजदारी करते है।
कि हार जाना हमारी, फितरत में है ही नहीं,
चलो, जीतने की अब, थोड़ी तैयारी करते हैं।

एक आँख क्या लगी, वो लगे मेरी कब्र बनाने,
और कहते है वक़्त कम है, हम रस्म-ए-रिश्तेदारी करते है।
कि हार जाना हमारी, फितरत में है ही नहीं,
चलो, जीतने की अब, थोड़ी तैयारी करते हैं।

***

ज़माने से चला गया।

जिस दिन मै, तेरे फंसाने से चला गया,
समझ लेना कि, ज़माने से चला गया।
कह देना सबसे, मेरे जाने का सबब,
नादान था बहुत, आज़माने से चला गया।

पूरी कायनात सही है, अपने ईमान पर मगर,
नज़रिया ही इंसान का, अपने ठिकाने से चला गया।
कह देना सबसे, मेरे जाने का सबब,
नादान था बहुत, आज़माने से चला गया।

मांगी थी दुआ में, शिफा जिनके वास्ते,
वो दुआ को मेरे हाथ उठाने से चला गया।
कह देना सबसे, मेरे जाने का सबब,
नादान था बहुत, आज़माने से चला गया।

दी थी उसने कसम, कि पलकें बंद रखना,
और हर ख्वाब मेरे पलक झपकाने से चला गया।
कह देना सबसे, मेरे जाने का सबब,
नादान था बहुत, आज़माने से चला गया।

यूं लगा इल्ज़ाम, बेवफाई का मुझपे,
कि, दिल तो दिल, तस्वीर भी उनकी, सिरहाने से चला गया।
कह देना सबसे, मेरे जाने का सबब,
नादान था बहुत, आज़माने से चला गया।

ये रूठने, मनाने की ज़िन्दगी की अजीब फितरत,
कोई रूठने से चला गया, कोई मनाने से चला गया।
कह देना सबसे, मेरे जाने का सबब,
नादान था बहुत, आज़माने से चला गया।

मत कहना कि मैंने, तेरी जुदाई में दम तोड़ा है,
कर देना ऐलान कि बेचारा, वक्त आने से चला गया।
कह देना सबसे, मेरे जाने का सबब,
नादान था बहुत, आज़माने से चला गया।

जिस दिन मैं तेरे फसाने से चला गया।
समय लेना कि जमाने से चला गया।
कह देना सबसे, मेरे जाने का सबब,
नादान था बहुत, आज़माने से चला गया।

***

ज़रा मुस्कुरा !

गमों के बादल में यूं, कब तक रहोगे ?
ज़ख्म ज़माने की तन्हा, कब तक सहोगे ?
कि तोड़के पिंजरा बाहर तो आ
कि ऐ यार ! ज़रा मुस्कुरा !
ज़रा मुस्कुरा, ज़रा मुस्कुरा !

एक उम्र गुज़ारी है तेरे इंतज़ार में,
तुम आओगी एक दिन, इसी एतबार में,
कि इंतजार को मत और बड़ा !
है यार जरा मुस्कुरा, जरा मुस्कुरा ।

हर बार क्यो ? आंखों का पानी बोले ?
मेरी मुफलिसी का किस्सा, मेरी कहानी बोले ।
कि ज़माने को अपना, ज़रा रंग तो दिखा,
कि, ऐ यार, ज़रा मुस्कुरा ज़रा मुस्कुरा ।

क्यों दूरी भला, यूं बनाए हो तुम,
फिर तन्हाई में आंसू बहाए हो तुम,
अब तो ज़रा ये फासला मिटा !
कि ऐ यार, ज़रा मुस्कुरा ज़रा मुस्कुरा ।

बस, छोटी सी अंधेरी, ये रात बाकी है,
गर, हाथों में मेरे, तेरा हाथ बाकी है ।
मिट जाएगा जल्द ही ये गर्दिशों का समां
कि ऐ यार, ज़रा मुस्कुरा ज़रा मुस्कुरा ।
ऐ यार, ज़रा मुस्कुरा ज़रा मुस्कुरा ।

सुन लो धड़कती ये धड़कने, है किसके लिए ?
वो बने है अनजान, धड़कते है जिसके लिए।
कभी तो समझो, इन धड़कनों की जुबां।
ऐ यार, ज़रा मुस्कुरा ज़रा मुस्कुरा ।

गर चाहत है मुझसे, तो भरोसा रख,
और उस खुदा पे यकीन, तू हमेशा रख।
हो जाएँगे सारे, तेरे आँसूं रवाँ।
ऐ यार, ज़रा मुस्कुरा ज़रा मुस्कुरा ।

***

जी चाहता है !

एक रोज़ तेरी आग़ोश में, सो जाने को जी चाहता है।
और ऐसे ही सारे ग़म, भूल जाने को जी चाहता है।
आज़माई है इस दुनिया ने, हर बार हमें,
कि एक बार इस दुनिया को भी, आज़माने को जी चाहता है।

दी है कसम उसने, कि राज़दार रहें,
आंखों से ही हर राज़, कह जाने को जी चाहता है
आज़माई है इस दुनिया ने, हर बार हमें,
कि एक बार इस दुनिया को भी, आज़माने को जी चाहता है।

देखना है कि सूखे है य नहीं, पलकों के आंसू मेरे,
कि एक बार खुद ही को, फिर से रूलाने को जी चाहता है।
आज़माई है इस दुनिया ने, हर बार हमें,
कि एक बार इस दुनिया को भी, आज़माने को जी चाहता है।

पता ही न चले, पता हमारा, ज़माने को कभी,
कि चुपके से तेरे पहलू में, खो जाने को जी चाहता है।
आज़माई है इस दुनिया ने, हर बार हमें,
कि एक बार इस दुनिया को भी, आज़माने को जी चाहता है।

बना रखा है उसने अपने, सर का सरताज़ हमें,
बनकर खुश्बू ज़िन्दगी, उनकी भी महकाने को जी चाहता है।
आज़माई है इस दुनिया ने, हर बार हमें,
कि एक बार इस दुनिया को भी, आज़माने को जी चाहता है।

***

इबादत की तरह !

तुझे चाहा, चाहता रहा मैं, इबादत की तरह,
कह न पाया तुमसे कभी, रिवायत की तरह।
मिटते गए, मिटते गए, तेरी यादों में हम,
और हो गए कुर्बान तुझपे, शहादत की तरह।

छोड़ गए थे जहां खड़े हैं आज भी वहीं,
एक टूटी हुई सी वीरान, इमारत की तरह।
तुझे चाहा, चाहता रहा मैं, इबादत की तरह,
कह न पाया तुमसे कभी, रिवायत की तरह।

एक **"कशिश"** सी खींचती है मुझे, तुम्हारी तरफ,
ये **"कशिश"** मुझे लगती है मोहब्बत की तरह।
तुझे चाहा, चाहता रहा मैं, इबादत की तरह,
कह न पाया तुमसे कभी, रिवायत की तरह।

तुम्हें सोचूं, और तुम ही सामने हो जाए,
आ जाए असर दुआओं में, कुव्वत की तरह।
तुझे चाहा, चाहता रहा मैं, इबादत की तरह,
कह न पाया तुमसे कभी, रिवायत की तरह।

कब होगा खतम जाने, ये इंतज़ार भला ?
कि हर लम्हा लगने लगी, एक मुद्दत की तरह।
तुझे चाहा, चाहता रहा मैं, इबादत की तरह,
कह न पाया तुमसे कभी, रिवायत की तरह।

एक ख़्वाब है जिसमे, फ़क़त तुम ही तुम हो,
और सुकून देती है मुझे, ये ख़्वाब ज़न्नत की तरह।
तुझे चाहा, चाहता रहा मैं, इबादत की तरह,
कह न पाया तुमसे कभी, रिवायत की तरह।

रह न पाए दोनों, एक दूजे के बिन कभी,
एक दूजे के हों दोनों, ज़रूरत की तरह।
तुझे चाहा, चाहता रहा मैं, इबादत की तरह,
कह न पाया तुमसे कभी, रिवायत की तरह।

इस कदर टूटा हूँ, कि क्या कहूँ **"अब्दुल"** बता ?
कि मेरे अंदर बची नहीं, अब कुछ भी हिम्मत की तरह।
तुझे चाहा, चाहता रहा मैं, इबादत की तरह,
कह न पाया तुमसे कभी, रिवायत की तरह।

***

कभी तुमने रूलाया !

यूं ही, बस यूं ही, हमने सारा वक्त गंवाया,
कि कभी हम रोए, कभी तुमने रूलाया।
आंसुओं का हमने, एक समन्दर सा बनाया,
कभी हम रोए, कभी तुमने रूलाया।

एक हसरत थी मुझे, तुमको पाने की,
अब हसरत है, तुझे भूल जाने की।
चलो, तूने मेरा, ये भरम तो मिटाया।
कि कभी हम रोए, कभी तुमने रूलाया।

रातों को अक्सर हम, करवटें बदलते थे,
यादों में तेरी, सुबह-शाम मचलते थे।
कि चुपचाप तूने कब जाने, मुझसे मुझी को चुराया।
कि कभी हम रोए, कभी तुमने रूलाया।

हम रोए, तो होंठों पे उनके हंसी आई,
और मेरे मातम पे, उनके यहां बजी शहनाई।
क्या खूब तूने है, रिश्ता निभाया।
कभी हम रोए, कभी तुमने रूलाया।

ऐ, मुझसे बहुत दूर चले जाने वाले,
फिर भी हर पल, मुझे याद आने वाले।
आजा कि तुम्हें, मेरे दिल ने है बुलाया।
कभी हम रोए, कभी तुमने रूलाया।
कभी हम रोए, कभी तुमने रूलाया।
कभी तुमने रूलाया।

***

कुछ लोग !

हर बार भीड़ में, खो जाते हैं कुछ लोग,
और फिर तन्हाई में, याद आते हैं कुछ लोग।
यूं ही नहीं कटती, ये ज़िन्दगी का सफर,
इसे बड़ी ही शिद्दत से, बिताते हैं कुछ लोग।

यादों के बगीचे में, जिनके नाम भी न रहें,
अक्सर रातों को नींदों से, जगाते हैं कुछ लोग।
हर बार भीड़ में, खो जाते हैं कुछ लोग,
और फिर तन्हाई में, याद आते हैं कुछ लोग।

करीब रहकर भी कोई, दिल तक नहीं पहुंचते,
और दूर रहकर भी कभी, दिल में बस जाते हैं कुछ लोग।
हर बार भीड़ में, खो जाते हैं कुछ लोग,
और फिर तन्हाई में, याद आते हैं कुछ लोग।

कुछ अपनी खुशी कुर्बान, कर देते हैं ग़ैरों पर,
और ग़ैरों के ग़म भी अक्सर, लें जाते हैं कुछ लोग।
हर बार भीड़ में खो जाते हैं कुछ लोग,
और फिर तन्हाई में, याद आते हैं कुछ लोग।

कुछ लोगों के अक्सर, लब ही बोला करते हैं,
और आंखों से ही हर राज़, कह जाते हैं कुछ लोग।
हर बार भीड़ में खो जाते हैं कुछ लोग,
और फिर तन्हाई में, याद आते हैं कुछ लोग।

एक गम से ही दम, किसी की निकल जाती है,
और बड़ी शिद्दत से हर गम, सह जाते है कुछ लोग।
हर बार भीड़ में खो जाते हैं कुछ लोग,
और फिर तन्हाई में, याद आते हैं कुछ लोग।

हर चौराहा जीवन का, कुछ लाता और ले जाता है,
ज़िन्दगी की शाम तक मगर, साथ निभाते है कुछ लोग।
हर बार भीड़ में खो जाते हैं कुछ लोग,
और फिर तन्हाई में, याद आते हैं कुछ लोग।

याद आते हैं कुछ लोग।
***

वादा न कर !

लकीर छोटी सी है हाथों की उम्र का तक़ाज़ा न कर,
न मिल सके, कोई बात नहीं, पर झूठा वादा न कर।
आदत ही नहीं मुझे, यूं इतना प्यार पाना,
कसम है तुझे कि मुझे प्यार इतना ज़्यादा न कर।

गुरबत में ही जीना आजकल, रास आता है हमको,
यूं मुस्कुराके खुला, मेरी किस्मत कि दरवाज़ा न कर
आदत ही नहीं मुझे, यूं इतना प्यार पाना,
कसम है तुझे कि मुझे, प्यार इतना ज़्यादा न कर।

खेलें हैं ज़माने ने अक्सर, हर एक खेल मुझसे,
कि फिर एक बार तू मुझे, शतरंज का प्यादा न कर।
आदत ही नहीं मुझे, यूं इतना प्यार पाना,
कसम है तुझे कि मुझे प्यार इतना ज़्यादा न कर।

ठान लें पहले ऐ दोस्त! कि तुझको चाहिए क्या?
कि दिल से पूछो अपने, फिर उससे मुकरा न कर।
आदत ही नहीं मुझे, यूं इतना प्यार पाना,
कसम है तुझे कि मुझे, प्यार इतना ज़्यादा न कर।

पहनकर नकाब सादगी का, चलते हैं लोग भीड़ में,
कि हर किसी को अपनी तरह, तू नादान समझा न कर।
आदत ही नहीं मुझे, यूं इतना प्यार पाना,
कसम है तुझे कि मुझे, प्यार इतना ज़्यादा न कर।

थाम लेते है फ़रिश्ते, अल्फ़ाज़ हमारे, लब के,
कि खुदारा ! कभी मुझे, छोड़ जाने का इरादा न कर।
आदत ही नहीं मुझे, यूं इतना प्यार पाना,
कसम है तुझे कि मुझे, प्यार इतना ज़्यादा न कर।

आए है समेटने तुम्हें, माला की मोतियों सी,
कि मेरे धागे में सिल जा, फिर यूँ बिखरा न कर।
आदत ही नहीं मुझे, यूं इतना प्यार पाना,
कसम है तुझे कि मुझे, प्यार इतना ज़्यादा न कर।

अपने दिल की सुनो, और न फ़िक्र किसी की करो,
कि दिल की सुनता है तो फिर, दुनिया की परवा कर।
आदत ही नहीं मुझे, यूं इतना प्यार पाना,
कसम है तुझे कि मुझे, प्यार इतना ज़्यादा न कर।

मार देंगें हसरतों को तेरी, बहकाकर खुदगर्जी में लोग,
कि होश में आने दो पहले, यूँ बदहवासी में फैसला न कर।
आदत ही नहीं मुझे, यूँ इतना प्यार पाना,
कसम है तुझे कि मुझे, प्यार इतना ज़्यादा न कर।

***

मजबूरियां !

मेरी तस्वीर को उसने, जितनी बार भी देखा होगा,
अश्क उतने ही, उनकी आंखों से बहा होगा।
रही होगी कुछ तो, मजबूरियां उसकी भी,
कि कोई हमदम कभी, यूं ही नहीं बेवफा होगा।

पढ़कर खत मेरा, रोई होगी वो भी बहुत,
कि जलाया तो खत होगा, पर दिल भी उनका जला होगा।
रही होगी कुछ तो, मजबूरियां उसकी भी,
कि कोई हमदम कभी, यूं ही नहीं बेवफा होगा।

हुई होगी नम, उनकी भी आंखें अक्सर,
कि महफिल में जब भी मेरा ज़िक्र चला होगा।
रही होगी कुछ तो, मजबूरियां उसकी भी,
कि कोई हमदम कभी, यूं ही नहीं बेवफा होगा।

यूं ही एक शहंशाह, मर न जाता जुदाई में,
की आंखों में मुमताज़ की, उसने कुछ तो देखा होगा
रही होगी कुछ तो, मजबूरियां उसकी भी,
कि कोई हमदम कभी, यूं ही नहीं बेवफा होगा ।

मासूमियत की उसकी, या रब ! रखना संभाल कर,
गली गली में वरना फिर उसका भी चर्चा होगा।
रही होगी कुछ तो, मजबूरियां उसकी भी,
कि कोई हमदम कभी, यूं ही नहीं बेवफा होगा ।

महकी होगी फिज़ा, चाहतों की खुश्बू से,
किस्सा हमारी मोहब्बत का, लोगों ने जब भी सुना होगा।
रही होगी कुछ तो, मजबूरियां उसकी भी,
कि कोई हमदम कभी, यूं ही नहीं बेवफा होगा।

जितने भी दीवार उठा दो, चाहे "**इस दुनिया**" में,
ये तय है कि, "**उस दुनिया**" में हम दोनों का मिलना होगा।
रही होगी कुछ तो, मजबूरियां उसकी भी,
कि कोई हमदम कभी, यूं ही नहीं बेवफा होगा।

"इस रोज़" ज़माने में, माना बंदिशें बनाई है,
"उस रोज़" बंदिशें होगी, न "**उस रोज़**" पहरा होगा।
रही होगी कुछ तो, मजबूरियां उसकी भी,
कि कोई हमदम कभी, यूं ही नहीं बेवफा होगा।

इबादत में मेरे आया है, एक नूर अजब सा,
कि अब तेरे दर पे सजदा होगा, तेरे नाम का कलमा होगा।
रही होगी कुछ तो, मजबूरियां उसकी भी,
कि कोई हमदम कभी, यूं ही नहीं बेवफा होगा।

एक बार मुझे याद कर, तन्हाई में जो वो रहेगी,
देख लेना फिर उनका, हर रोज़ यही सिलसिला होगा।
रही होगी कुछ तो, मजबूरियां उसकी भी,
कि कोई हमदम कभी, यूं ही नहीं बेवफा होगा।

रही होगी कुछ तो, मजबूरियां उसकी भी,
कि कोई हमदम कभी, यूं ही नहीं बेवफा होगा।

***

Acknowledgement

सबसे पहले, **"शुक्रिया"**, उस **"ख़ुदा"** का, जिसने मुझे
इस काबिल बनाया कि, मैं फिर से आज सामने हूं।
जिसने मेरे ख्वाबों ख़यालों को परवाज़ दी, और
एक शायर के दिली ख़्वाब को मुकम्मल किया।

**शुक्रिया! मेरे उन "मां-बाबाजी", मेरे
"भाई-बहनों","मेरे परिवार" और "दोस्तों"** का, जिन्होंने
हमेशा मेरे अरमानों को सबसे ऊपर रखा और
हमेशा मेरे हमराज़ बने रहे।

शुक्रिया! उस **"चांद"** का, जिसे देख
देखकर मैंने लिखना सीखा और जिसकी वजह से
मेरे लफ़्ज़ों को निखार मिली।

**"ऐ चांद! तुझसे रिश्ता, मेरा भी अजीब है,
रहता तू आसमान मे है, पर दिल के करीब है।"**

शुक्रिया! मैडम "राखी डोगरा (जम्मू)" जी
का, जो इस सफ़र में पहले दिन से मेरे साथ रही और
मेरी हौसला अफज़ाई करती रही। उम्मीद करता हूं
कि वो आगे भी ऐसे ही मेरी खैर खवाह बनी रहेगी।

शुक्रिया! मेरे **Health Department** के
उन सभी लोगों का, जिन्होंने मेरे नज्मों को हमेशा
सराहा और मुझे इतना प्यार और आशीर्वाद दिया।
हमारे **Department** के **Director, Superintendant,**
Chief Pharmacist और मेरे **सहकर्मियों,**
मैं आप सभी का, तहे दिल से शुक्र गुज़ार हूँ।

"शुक्रिया" उन सभी खासो आम लोगों का,
जो मेरे मेरे इस कामयाबी के असली हक़दार है।
(Shri. D. Vijay Kumar,
VJ COMMUNICATION, Port Blair),
Miss. Tehmeena Salam, Shri. Subash Chandra Das,
Shri. Bipradhar Majhi, Shri. Sonu Hamza, Shri.
Mohammed Younus,
Shri. Arshad Rehman, Miss. Aarzoo Gafoor, Shri.
Armaan Gafoor,
जिन्होंने भी हर कदम पे मेरा साथ दिया।

मैं **शुक्र गुज़ार हूँ, BLUE ROSE PUBLICATION** का,
खास तौर पे हमारे
Project Head: Deepika Rawat
Cover Designer: Muskan Sachdeva
और उन सारे जाने, अनजाने नामों और चेहरों का,
जो मेरी इस अनकहे ख्वाब को पूरा करने में,
मेरे मददगार रहे।

सबसे ख़ास, मेरे उन सारे **"दोस्तों"**, **"श्रोताओं"** का शुक्रिया, जिन्होंने मेरी पहली किताब **"काश"** को अपने दिल में जगह दी, दोस्तों, ये जगह आपने **"काश"** को नहीं, बल्कि आपने मुझे अपने दिल में बिठाया है। उम्मीद करता हूँ, कि **"कशिश"** भी आपके दिल को छू जाएगी।

आखिर में आप सभी का शुक्रिया,
दिल की गेहराइयों से शुक्रिया।

****

www.ingramcontent.com/pod-product-compliance
Lightning Source LLC
LaVergne TN
LVHW061548070526
838199LV00077B/6950
9789356680920